北京市教育委员会科研计划项目（社科计划一般项目，项目编号：SM201910020002）资助

生育政策调整后的生育意愿研究

胡新萍　著

中国农业出版社

北　京

图书在版编目（CIP）数据

生育政策调整后的生育意愿研究／胡新萍著．—北京：中国农业出版社，2023.5

ISBN 978-7-109-30717-9

Ⅰ．①生…　Ⅱ．①胡…　Ⅲ．①生育—社会问题—研究—中国　Ⅳ．①C924.24

中国国家版本馆 CIP 数据核字（2023）第 092857 号

中国农业出版社出版

地址：北京市朝阳区麦子店街 18 号楼

邮编：100125

责任编辑：闫保荣　　文字编辑：刘金华

版式设计：王　晨　　责任校对：吴丽婷

印刷：北京中兴印刷有限公司

版次：2023 年 5 月第 1 版

印次：2023 年 5 月北京第 1 次印刷

发行：新华书店北京发行所

开本：700mm×1000mm　1/16

印张：9.25

字数：161 千字

定价：58.00 元

前　言

对于"人口"这一话题我向来比较关注，我从未学过人口学相关专业，也并非社会学专业科班出身，研究生育意愿问题纯属个人兴趣所在。

养儿防老、多子多福、姓氏传承……古老的观念慢慢散去了它的光华。不婚、不育、丁克……从多数人不能接受的另类成为越来越多人遵从的信条。这个世界越来越精彩，这个社会越来越多样，人们处于传统和现代的不断洗礼中，纠结着自己，影响着他人。各类人群跟随着自己不断进化的认知跟跄前行。没有对错，难断成败，差异化的世界看似混乱却又有条不紊，内部的规则比外部的制度更难打破。无论如何，人类还要繁衍，社会还要持续。也许我们难以摸定社会的脉门，但作为社会科学工作者，游弋于人类社会的洪流之中，观看众生表演，探求蛛丝马迹，发现人们的行为轨迹和诱因，总结社会发展规律，希望我能够为解决这个社会的现存问题贡献微薄力量。

该课题本应致力于农村大地，通过实地调研开展对于农民生育意愿的研究，但由于3年来新冠疫情的影响，研究不得不转变阵地，但这对于我来讲也是新的机会。研究的范围扩大到城市＋农村，研究对象的范围更广泛了，获得的数据也具有更为广泛的内涵，让研究的适用性也得以扩大。研究获取了大量的数据，作者做了极大努力，由于能力有限，无法分析得更为深入，无法发掘出更具意义的理论，但希望这些数据和总结能够为关心此事的人们提供一点帮助，能够为后续的研究奠定一定基础。

在新冠病毒检测阳性的日子里，带着满头的眩晕，我打字的双手也未受到影响，我甚至享受这样的时刻，于混沌中游弋而方向不乱，于纷杂中前行而目标清明。

胡新萍

2022 年 12 月

北京

目　　录

第一章 绪 论

一、研究背景

1. 中国人口的现实

随着中国人口结构的失衡、生育政策的变革和整个社会对于人口问题的关注，中国的人口事宜再次成为国内外各界关注的焦点问题。

从最近 3 次人口普查的数据结果来看，我国人口增长率在逐年下降，1990—2000 年的人口年平均增长率为 1.07%，2000—2010 年为 0.57%，2010—2020 年为 0.53%，平均增长率数据下降明显。实际上我国人口处于低增长阶段已有 20 年。造成人口低增长的主要原因是低生育水平，目前我国已经进入了低生育阶段。根据国家统计局数据显示，我国 2012 年和 2021 年的人口出生率分别为 14.57‰和 7.52‰，人口自然增长率数据分别为 7.43‰和 0.34‰，均有大幅下降，人口死亡率数据波动不大。10 年间，我国的人口出生率、人口死亡率和人口自然增长率数据如图 1.1 所示。

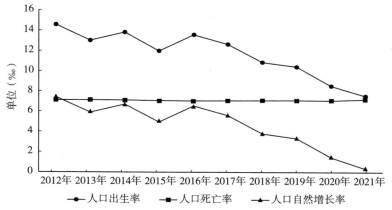

图 1.1　我国 2012—2021 年人口出生率、人口死亡率和人口自然增长率数据变化
数据来源：国家统计局网站数据。

在人口出生率和人口自然增长率大幅下降的同时，伴随的是老龄人口比例的上升。2002 年、2012 年、2021 年中国 65 周岁及以上老年人口的数量分别

为 9 377 万人、12 777 万人、20 056 万人，占总人口的比例分别为 7%、9% 和 14%，20 年翻了一番。图 1.2 展示了 2012—2021 年我国 65 岁及以上老年人口的逐年增长率数据变化。2021 年的增长率（5.2%）比 2012 年（4.07%）上升了 1.13 个百分点。我国的老年抚养比则从 2012 年的 12.7% 上升到 2021 年的 20.8%，而 2002 年这一数据为 10.4%。

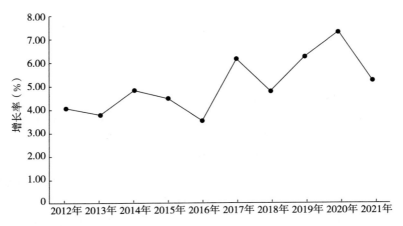

图 1.2　我国 2012—2021 年 65 岁及以上人口年增长率数据变化
数据来源：国家统计局网站数据。

改革开放后中国几十年的飞速发展很大程度上得益于人口红利，随着人口出生率的下降、自然增长率的下降、老龄化等人口特征，我国人口优势已逐步消退，中国面临着人口结构失衡及其对发展产生的诸多限制。人口结构失衡给我国的劳动力供给带来了冲击，同时也给社会保障带来了巨大压力，从而在很大程度上影响和制约着我国经济和社会的良性运转和可持续发展。

解决人口失衡问题成为我国政府和全社会关注的焦点，而解决这一问题的关键在于提高人口生育率。社会发展到当前的阶段，人们对于生育的需求大大降低，生育意愿由人们的理性控制，生育行为极为谨慎。2007 年的《国家人口发展战略研究报告》指出，要想保持人口与经济社会长期协调发展，在未来 30 年我国的总和生育率应保持在 1.8 左右。2020 年第七次人口普查结果显示，我国育龄妇女的综合生育率仅为 1.3，这个数字明显低于国际社会普遍提出的 1.5 的警戒线。随着生育政策的逐步放开，如何提升人们的生育意愿、促进政策目标的实现成为各地政府和社会不断讨论和研究的问题。

2. 中国人口生育政策变迁

人口生育率的下降在很大程度上受到人口政策的影响，但又不仅限于政策的影响，无论如何，调整人口生育政策是促进生育率、改善人口结构的重要途径。

（1）"单独二孩"政策出台

2013年，中国共产党第十八届中央委员会第三次全体会议《中共中央关于全面深化改革若干重大问题的决定》启动了"单独二孩"政策，即实施"一方是独生子女的夫妇可生育两个孩子"的政策。自此，做出了对"鼓励一对夫妇只生育一个孩子"的计划生育政策执行30多年来的首次变更。但政策实施后，二孩生育申请数量远远低于政策预期。

（2）"全面二孩"政策实施

为了进一步促进人口出生率的提高，有效延长"人口红利"，2015年党的十八届五中全会提出了"全面实施一对夫妇可生育两个孩子政策"，即"全面二孩"政策。然而，政策调整后5年多，人口出生率再次脱离预期效果。

根据风笑天（2015）对政策潜在人口的调查结果，"全面二孩"能够覆盖到当时一孩育龄夫妇的60%，但其中一半左右已经超过了生育高峰年龄，城市中这一比例接近70%；而符合"单独二孩"条件的对象希望生育二孩的比例约为25%～40%，远低于政策预期的60%的结果。杨舸（2016）在其研究中预测"全面二孩"政策实施后，2016—2050年中国人口增长不会出现剧烈反弹，政策作用将微乎其微。

（3）"三孩"政策接力

基于前期政策实施的效果，计划生育政策进一步调整，2021年5月31日的中共中央政治局会议提出，进一步优化生育政策，实施"一对夫妻可以生育三个子女政策及配套支持措施"，以利于改善我国的人口结构、落实积极应对人口老龄化的国家战略、保持我国人力资源禀赋优势。

8年来的3次生育政策调整充分显示出国家对于人口问题的重视和改善人口结构的决心。然而，在低生育水平下，单纯的政策调整和鼓励号召难以改变低生育现状。随着经济和社会的发展，人们的生活水平、生存需求和人生观、价值观都发生了巨大变化，随之婚姻观、生育观同样改变。在各种主客观因素的影响下，改变生育意愿、促进生育是一项极为复杂的工程。目前已有大量研究对此进行了多方分析并提出相应的观点和建议。

二、研究现状

本研究梳理了自计划生育政策调整后的已有相关研究，对现有观点进行了总结。主要包括对于生育意愿的理解，生育意愿影响因素分析和针对提升生育意愿的相关建议等方面的内容的总结和评述。

1. 关于生育意愿的理解

个体生育行为综合汇集成社会人口生育水平。人口学家用"意愿-行为"模式研究人的生育行为，假定个人的生育行为由个人的生育意愿转化而来，通过了解个人的生育意愿，可以预测个人的生育行为，进而预测人口的生育水平（侯佳伟、黄四林、辛自强等，2014）。生育意愿与生育意愿的关系理论最早由美国人口学家邦戈茨（2001）提出，他在研究中指出，人们的生育意愿转化为生育行为的过程会受到一系列因素影响，其中，"初次生育的推迟""竞争性因素"和"非自愿不育因素"使得生育水平难以达到生育意愿。

我国学者针对生育意愿和生育行为展开了大量研究。风笑天（2002）认为生育意愿是人们生育观念的直接体现和集中代表。顾宝昌（2011）提出的生育意愿概念在现有研究中应用较为普遍，即生育意愿是出于个人或家庭对子女的偏好、考虑到各种限制条件之后的生育愿望表达，其中包括期望生育的子女数量、子女性别以及生育时间和间隔等内容。概念反映的是人们对生育孩子的数量、时间和性别的愿望和需求（侯佳伟、黄四林、辛自强等，2014）。

生育意愿在一定程度上支配着人们的生育行为，但生育行为还受到除生育意愿以外的多种客观因素的影响。但无论如何，生育意愿都表达了人们对于生育行为的态度和看法。虽然生育意愿不是一成不变的，并且它与实际生育行为存在着偏差，但它还是衡量社会生育水平以及了解人们生育观念、生育行为和生育选择的重要变量（沈迪，2019）。

庄亚儿等人（2021）在2017年全国生育状况抽样调查数据的基础上所做的在"全面二孩"政策背景下我国妇女的生育意愿和影响因素的研究中的数据显示，2017年我国育龄人口平均理想子女数仅为1.96，平均打算生育子女数仅为1.76。因此，分析生育意愿影响因素并在此基础上采取相关措施提升人们的生育意愿显得必要且紧迫。

风笑天（2018）依据其两次大规模抽样调查的数据基础，以生育现状满意度、理想子女数、意愿生育子女数，以及二孩生育意愿4个指标对城市"双非"一孩育龄人群在"全面二孩"生育政策实施前后的二孩生育意愿进行了对比分析。研究结果显示，"意愿生育子女数"和"二孩生育意愿"两项指标的政策实施前后的结果产生了明显差别，而另外两项指标所受政策调整的影响不大，也就是说，现实性的测量指标对政策变化相对敏感，导致"假设"与"现实"之间存在距离，二孩生育意愿与对生育现状不满的程度呈正相关。其研究数据显示，当时的城市"双非"一孩育龄人群中，愿意生育第二个孩子的比例大约在 40%。

2. 生育意愿影响因素分析

国内学者针对生育意愿的影响因素展开了较为丰富的研究。总结已有研究结论，生育意愿受到个体、家庭、社会、经济、文化等各个维度相关因素的影响。已有研究的结论大多显示，生育意愿受到多维度因素的共同影响，依据其分析中得出的主要影响因素大致进行了划分，对文献进行了分类梳理。

（1）个体特征因素的影响

庄亚儿等人（2021）的研究发现，个人出生时间、户籍类型、受教育程度、性别偏好，以及家庭收入、所处地区、民族等因素对人们的生育意愿都有重要影响。姜天英和夏利宇（2019）在其研究中得出影响人们生育意愿的因素包括个人、家庭和政策 3 个方面，并且这 3 种因素相互作用。在众多影响因素中，处于主导地位的是妇女个人特征和配偶特征。李思达（2020）研究受教育程度和年工资收入对城市女性理想生育子女数的影响，结果显示受教育程度越高的育龄人口生育意愿越低。

张晓青等（2016）在山东进行的抽样调查结果显示，影响"单独"家庭和"双非"家庭二孩生育意愿的共同因素包含所处地区、户口类型（农业或非农业）、已有子女的性别、研究对象受教育程度，而差异性主要表现在："双非"家庭男性生育意愿更强，"单独"家庭女性生育意愿更强；"单独"家庭二孩生育意愿的最主要影响因素是成本，"双非"则为身体因素。谷晶双（2021）基于 2018 年中国家庭追踪调查数据对女性二孩生育影响因素的研究表明，年龄、家庭同住人数和居住地所在地区、受教育水平、初育年龄、家庭收入等因素会影响生育二孩意愿。钟晓华等人（2016）针对广东地区"双非"夫妇生育意愿的研究认为，性别、受教育程度、收入、年龄和妻子的工作强度等是影响其家庭二孩生育意愿的主要因素，但其研究并未区分夫妇双方生育意愿的差异。

还有研究表明，男性、农村户口、低学历、低收入人群的生育意愿高于女性、城市户口、高学历以及高收入的居民的生育意愿；高消费、高配偶满意度、高频率进行代际沟通的居民生育意愿更高，高于低消费、低配偶满意度、低频率进行代际沟通的居民；另外，随着居民收入水平的提高，外部因素对于居民生育意愿的影响将逐渐降低，高收入居民的生育意愿主要取决于年龄、性别、学历等人口学特征（马歆依，2022）。

韩建雨（2022）针对体制内和体制外工作性质的居民生育意愿差异进行的研究表明，体制内工作会提升居民三孩生育意愿，体制内居民三孩生育意愿明显高于体制外居民，体制因素对居民三孩生育意愿的影响总体为正效应，但其影响程度呈现先增后减的趋势。因此，他建议实施三孩生育政策及配套支持措施要针对体制内外居民分类施策。对体制内居民，可加大对年龄较大成员的生育保护和医疗卫生保护，同时合理提升体制内成员的收入以提升其三孩生育意愿；对体制外居民，重点在于提高其家庭保障能力，加快推进商业保险覆盖面，同时可以对体制外低学历者采取包括税收减免在内的收入补偿措施。另外，完善生育休假与生育保险制度，保障女性就业合法权益，减少女性三孩生育后顾之忧。

（2）家庭因素的影响

卿石松（2022）以14～35岁的青年为研究对象，对生育意愿的代际传递进行研究，发现原生家庭背景和父母对子女的生育意愿具有显著的积极影响，尤其能够抑制子代出现"不想生"或低生育意愿。而且这种影响主要来自父母态度和价值观的传递，即父母理想子女数越多，年轻子女的理想子女数也越多。当子女经历生育事件成为父母之后，母亲的意愿不再具有显著影响。而父亲对成年子女生育意愿的影响持续存在，尤其是农村地区的父-子代际传递。

鲁元平等人（2020）的研究表明，夫妻双方差异性的议价能力可能导致家庭内部的不平等，进而降低家庭成员的生育意愿。父母对于居民的生育意愿会产生复杂的影响。

（3）经济因素的影响

已有相关研究中更多结论表明了经济因素与生育意愿的相关性。部分研究表明，经济因素与居民生育意愿具有负相关关系。

从宏观的经济环境来看，人们生育意愿存在地区差异性，经济发展水平较高的地区理想的生育子女个数越低，且经济发展水平与打算生育子女数呈反向变化关系（庄亚儿等，2021）。从家庭经济收入来看，高璐（2018）的研究中提出，由于收入越高的家庭，生育孩子的机会成本就越高，因此生育意愿也就会越低，家庭收入会对生育意愿的数量产生显著的负向影响。张新洁（2017）

的研究表明，在考虑我国实施计划生育政策的前提下，家庭生育孩子的数量与其收入水平负相关，收入越少的家庭越倾向于多生孩子。从个人经济收入情况来看，李思达（2020）的研究结果除了显示出上面所说育龄人口受教育程度与生育意愿的相关性，同时也显示出，年收入越高的育龄人口生育意愿越低。

还有部分研究从子女生育所带来的经济负担角度出发，分析经济因素对于生育意愿的影响。李媛（2018）以调查问卷和访谈的形式对育龄女性进行调查发现，在众多影响因素中处于主导地位的是经济因素，主要是经济压力大带来的影响，其他因素还包括工作繁忙没有精力照顾并且不利于工作发展、个人年龄问题、家庭中丈夫角色缺失、对社会公共服务不满意等。李孜（2019）的研究认为80后是受"全面二孩"政策影响最大的年龄群体，其研究结论显示，除受生育政策影响外，80后和90后不打算再生育的原因涉及"经济负重""没人带孩子"和"养育孩子太费心"等方面。同时在医疗资源丰富的地区往往会出现医疗价格高的问题使得家庭的生育成本变高，就会降低生育意愿。夏志强和杨再苹（2019）的研究认为，从经济因素的角度出发，家庭承担了大部分的生育成本，但是由于随着社会制度的完善和养老保险的不断发展，子女给父母带来的经济收益在逐渐降低，因此会造成生育意愿的下降。

（4）文化因素的影响

也有研究证明了文化因素同样会对生育意愿造成影响。马赫（2019）通过对多阶段分层抽样数据进行回归分析获得的结果显示，受一些重男轻女、养儿防老社会传统观念的影响，农村育龄妇女二孩生育意愿更强烈，但是却存在生育意愿无法转化为生育行为的问题，部分大龄育龄期妇女由于身体状况不符合生育条件、家庭经济压力大、就业形势严峻等原因，往往会选择放弃生育二孩。

还有研究提出，我国社会在计划生育政策的长期影响下，生育观念已经发生了根本性的转变，从传统社会的"多子多福"生育观转变为现代社会"只生一个孩子"的生育观，"晚婚、晚育、少生、优生"已成为多数人的自觉行动（陈友华，2021）。虽然"多子多福"的生育文化在中国社会盛行了几千年，但却被实行了30余年严格的计划生育政策所瓦解；计划生育政策和现代化重新建构了当代中国的低生育文化（吴帆、陈玲，2022）。

3. 国外相关研究现状

从上述对已有研究的梳理来看，国内学者的相关研究更加倾向于选取人口学和经济学特征作为变量进行分析，并且其研究结论注重和我国国情的结合，已达到较强的实践性意义。相对而言，国外学者的研究领域更为宽泛，更注重于积极探索全面、跨学科的研究范式，研究所选择的解释变量涉及经济学、心理学、社会学、生物学等多学科领域，对于生育意愿影响因素的解释也更为全面和深入。

曾经有国外学者在研究生育意愿和生育行为的过程中提出，先天因素和生活经历中获得的经验因素共同决定了生育动机，产生了生育计划，但生育行为受到一些个人和社会的影响，进而影响生育率和生育水平（Miller，1995）。还有学者认为，生育意愿在不同的生命周期具有差异性，而且生育意愿与生育行为之间会形成较大的偏差（Rackin and Bachrach，2016）。

同样，国外一些研究也证明了收入与生育意愿的反向关系。认为收入对生育率的影响是负向影响的关系。对于女性来说，随着收入的提高，经济压力降低，生育的时间和经济成本会提高，对于高收入女性群体来说，生育的成本过高，因此会降低她们的生育意愿，因为她们在生育过程中付出了更多的生育成本，承担了大部分的生育责任（Shin，2016）。Wilcox（2016）在研究受教育程度对生育意愿的影响时发现，受教育程度高的女性生育意愿降低，主要是因为这一部分女性生育孩子所花费的时间成本更高。

Barber 等人（2019）的研究表明，丈夫和妻子会对于子女数量和家庭规模展开一系列的探讨，双方的生育偏好会在妥协、讨价还价或支配与服从等交互过程中相互影响。也有国外学者的研究认为，父母传达的文化观念与根深蒂固的集体期望是居民生育意愿的部分来源（Vignoli et al.，2020）。

4. 国内外研究现状评述

国内外学者关于不同变量影响居民生育意愿的研究已经得出大量有价值的结论。从上述研究的结果和对中国未来人口趋势的预测来看，进一步深入分析生育意愿和生育行为对于促进未来中国人口的发展均衡是非常有必要的。

本研究参照已有研究进行变量设置，但又相较于已有研究有所创新。因变量"生育意愿"包括是否生育的选择、理想中的子女数量、生育性别偏好即期待生育的子女性别之外，还将生育动机纳入其中，其原因不在于"生育意愿"和"生育动机"在概念上的包含性，而在于"生育动机"是促成"生育意愿"的重要因素，也是分析"生育意愿"影响因素的来源之一。在自变量设置中，除了现有研究中普遍关注的个体特征和经济因素，本研究将丰富家庭因素的内容、家庭成员的态度，特别是家庭中已有子女的态度以及已有子女的现状作为重点变量进行分析，并且关注工作单位态度和措施的影响。总之，本研究期待用更为丰富的解释变量对当前的居民生育意愿以及再生育意愿进行分析，希望能够对现有研究形成补充。

三、研究设计

1. 研究的目的和意义

本研究的目的在于了解当前人们的生育意愿现状，分析不同类型人群的生育意愿差异和影响生育意愿的不同范畴的因素，探讨提升生育意愿的可行措施。

对现状的了解基于以北京地区为主、覆盖多个省区的调研所获取的一手资料，并在实证数据分析的基础上衡量不同因素与生育意愿的相关程度，确认主要影响因素，以此为据，寻求可行的措施建议。

2. 研究方法

本研究设计之初本预采用实地研究的方法，在北京选择特定研究区域展开实地调研，深入了解研究对象生育意愿和影响因素。但由于新冠疫情的长期影响，无法开展实地研究，最后只能退而求其次，通过线上调研的方式进行资料收集。

（1）抽样方法

由于研究方式的限制，本研究采用便利抽样法，通过网络发放问卷。最终共获取样本 446 份，其中男性样本 157 份，女性样本 289 份；农村地区样本占 23.77%；农村户口样本占 27.13%。

（2）资料收集方法

本研究主要采用问卷调查的方法收集资料。按照指标框架设计调查问卷，以"问卷星"程序通过微信朋友圈、微信群、微信好友发放线上问卷。

问卷设计参考已有研究调研问卷，主要包括：研究对象基本资料、家庭及财产情况、婚姻现状、子女现状、生育意愿以及生育影响因素等方面。

（3）分析方法

本研究主要应用统计分析对生育意愿现状进行了解，通过交叉分析对生育意愿影响因素进行测量。

3. 变量设计和指标体系

研究将生育动机纳入生育意愿分析，将生育意愿设定为 4 个范畴，包括：是否愿意生育、理想的孩子数量、理想的孩子性别和生育动机。通过这 4 个范畴的分析来了解当前社会各类群体的生育选择、可能生育的数量、生育性别偏好和生育的动机，从而探讨当前生育政策下人们的生育意愿情况。

自变量的设定包含 4 个范畴：

（1）个人特征

个人特征包括被调查者的性别、年龄、受教育程度、户口类型、生活区域属性、职业类型、婚姻状况、工作情况，通过以下指标测量（表 1.1）。

表 1.1　个人特征测量指标

个人特征	测量指标
性别	生物性别（男、女）
年龄	高、中、低年龄段
受教育程度	学历水平
户口类型	城市或农村户口
生活区域属性	生活区域属于城市或农村
职业类型	职业稳定程度，职业待遇优劣
婚姻状况	婚姻选择（是否选择进入婚姻），婚内和谐情况
工作情况	职位高低，工作忙碌程度，工作压力情况，工作稳定程度

（2）家庭因素

家庭因素包括被调查者是否为独生子女、父母关系情况、家人（配偶、长辈、子女）对生育或再生育的意见、已有子女状况、已有子女照料情况，对已有子女的态度，通过以下指标测量（表 1.2）。

表 1.2　家庭因素测量指标

家庭因素	测量指标
是否为独生子女	独生子女或非独生子女
父母关系情况	父母关系和谐程度
家人对生育或再生育的意见	配偶对于生育或再生育的态度 长辈对于生育或再生育的态度 已有子女对于再生育的态度
已有子女状况	已有子女的年龄、性别
已有子女照料情况	已有子女主要由谁照顾
对已有子女的态度	对已有子女的满意度

（3）经济因素

经济因素包括被调查者家庭收入状况和家庭资产状况，通过以下指标测量（表 1.3）。

表 1.3　经济因素测量指标

经济因素	测量指标
家庭收入状况	家庭年收入水平 每月可支配收入
家庭资产状况	家庭拥有自有产权房产数量 家庭拥有车辆数量 家庭当前住房情况

（4）社会因素

社会因素包括被调查者工作单位对员工生育的态度和行为、居住地的态度和行为、社会保障和社会支持情况，通过以下指标测量（表 1.4）。

表 1.4　社会因素测量指标

社会因素	测量指标
工作单位对员工生育的态度和行为	态度上表现出的支持、反对、无所谓 是否采取鼓励措施
居住区的态度和行为	是否采取生育鼓励措施
社会保障和社会支持情况	是否享受生育保障 对现有生育保障政策的满意度 对于其他社会支持措施的需求度

四、研究的重点和创新点

本研究的重点是了解不同类型群体的生育意愿差异并深入分析影响生育意愿的重点因素，进而探寻促进提高生育意愿的可行途径。

与已有相关研究相比，本研究的创新点在于解释变量设置的范围更广，变量范畴更为全面特别是针对家庭相关因素的关注，一定程度上对已有研究形成补充。

五、研究的不足

由于研究开展的阶段恰逢连年疫情暴发，导致实地调研无法展开，研究样本的选取受到较大程度影响，非概率抽样所获取样本的代表性有限，特别是北京以外地区样本量所占比例较少，因此研究结论局限于对北京地区相关问题的解释。

第二章　研究区域和调查对象概况

一、研究区域

在原本的研究设计中，本研究计划在北京选定特定研究区域展开调研，但由于长期受新冠疫情影响，实地调研的开展受到严重阻碍，因此研究的数据收集工作转为线上进行，线上问卷所收集的信息集中在北京地区。

二、调查对象选择

在调查对象选择上，同样由于研究方式的限制，如无法采取概率抽样的方法，非概率抽样通过微信发放问卷完成。涉及的调查对象主要是研究者的朋友、同学、同事、学生、业务关联群体以及这些群体的相关者。

三、样本特征统计

为了更为全面地分析生育意愿的影响因素，问卷设计中对于样本特征的调查涉及样本自身和工作、家庭相关的多方面因素。

1. 样本个人特征

（1）性别

由于抽样方式的限制，样本性别比例并未达到均衡，女性样本占到多数（图2.1）。

（2）年龄

研究对年龄进行分段设定，按照5岁一个阶段，设定20岁及以下到46岁及以上共计7个年龄段。从样本年龄分布情况来看，各年龄段样本比例相对较均衡。

分析中根据数据分布情况对不同年龄段进行群体划分，如将20岁及以下和21~25岁年龄段

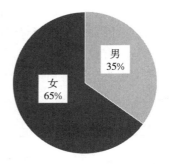

图2.1　样本性别比例

划分为低年龄群体，26~30岁、31~35岁、36~40岁年龄段划分为中年龄群体，41~45岁、46岁及以上阶段划分为高年龄群体；或根据数据分布特征划

分，为了更为清晰地表达依据年龄的数据规律，将不同年龄段群体划分为相对的较高年龄群体和较低年龄群体（表2.1）。

表 2.1 样本年龄分布

年龄	数量	比例	
20 岁及以下	31		6.95%
21～25 岁	84		18.83%
26～30 岁	53		11.88%
31～35 岁	70		15.70%
36～40 岁	60		13.45%
41～45 岁	81		18.16%
46 岁及以上	67		15.02%
总计	446		100%

（3）受教育程度

由于研究者本人为博士学位，在高校工作，通过微信发放的问卷主要涵盖研究者社会关系所涉及的人群，因此样本受教育水平普遍偏高。另外，由于研究者的高校教师身份，大学生成为问卷填写的主力，因此，样本中本科生比例较高（表2.2）。

表 2.2 样本受教育程度

受教育程度	数量	比例	
初中及以下	38		8.52%
高中（中专、职高、技校）	18		4.04%
大专	19		4.26%
本科	201		45.07%
硕士	110		24.66%
博士	60		13.45%
总计	446		100%

（4）婚姻状况及婚姻选择

由于"婚姻"变量与生育的相关性较强，研究信息收集中不仅涉及当前的婚姻类型和婚姻状态，还涉及调查对象的婚姻选择。从样本数据分布来看，处于"已婚并且夫妻感情和谐"状态的样本比例（58.97%）最高，其次为"未婚但期望结婚"的群体（27.58%）。"未婚并且不打算结婚"的群体所占比例值得引起关注（表2.3）。

表2.3　样本婚姻状况分布

婚姻状况及婚姻选择	数量	比例	
未婚并且不打算结婚	34		7.62%
未婚但期望结婚	123		27.58%
已婚并且夫妻感情和谐	263		58.97%
已婚但婚姻不和谐	15		3.36%
离异并准备再婚	2		0.45%
离异并不打算再婚	5		1.12%
丧偶并准备再结婚	0		0%
丧偶但不打算再结婚	4		0.90%
合计	446		100%

2. 样本职业特征

（1）职业类型

由于研究者本身社会关系网络和研究方式的局限性，本次调查样本的职业分布均衡性较差，职业类型以公务员、事业单位员工和学生两类为主，分别占32.29%和17.94%；务农人员、央企员工、私企员工也占到相对较高比例；其他几类职业类型样本占比例较低。另外，由于最初问卷设计的失误，没有设计"公益慈善机构员工"选项，发现问题后添加此选项时已经有部分公益事业单位人员选择了"其他"职业类型。由于目前大量农村居民进城务工，本研究并未按照户口划分职业类型，选项中"务农人员"指的是以从事农业生产为主要收入来源的群体。

样本数据分析中，将公务员、事业单位员工和央企员工划分为稳定性较高、待遇较高的优势职业；"私企员工"和"外企员工"居中；"务农人员""工人""服务行业打工"人员和"个体经营者"几类职业则划分为稳定性和待遇相对较低的职业；"自由职业"和"无业或待业"为稳定性最低行业类型；"学生"由于其学历所具优势，按照将来其进入优势职业的可能性较大的情况进行分析（表2.4）。

表 2.4　样本职业分布

职业	数量	比例	
务农人员	39		8.74%
工人	11		2.47%
服务行业打工	7		1.57%
个体经营者	11		2.47%
公务员、事业单位员工	144		32.29%
央企员工	37		8.30%
私企员工	58		13.00%
外企员工	14		3.14%
自由职业者	17		3.81%
无业或待业	5		1.12%
其他	23		5.16%
学生	80		17.94%
公益慈善机构员工	0		0%
合计	446		100%

（2）职位

由于同一职业类型中不同职位收入情况、稳定性和其他待遇的差异较大，问卷设计了针对"职位"的问题。样本职位分布中，"普通员工"占比最高，越高职位的占比越低。"其他"大多为在校学生（表 2.5）。

表 2.5　样本职位分布

职位	数量	比例	
普通员工	179		40.13%
基层管理者	59		13.23%
中层管理者	53		11.88%
高层管理者	16		3.59%
其他	139		31.17%
合计	446		100%

（3）样本工作忙碌情况

工作忙碌情况直接影响人们养育孩子的时间，从而可能成为影响人们生育或再生育的因素。本研究对工作忙碌程度进行了 3 个层次的划分，"比较清闲""比较忙碌"和"非常忙碌"，调查样本中处于中间状态"比较忙碌"的占到一半以上的比例，"非常忙碌"的样本比例最低（表 2.6）。

表 2.6　样本工作忙碌程度

工作忙碌程度	小计	比例	
比较清闲	134		30.04%
比较忙碌	242		54.26%
非常忙碌	70		15.70%
合计	446		100%

（4）样本工作压力情况

压力和忙碌属于两种不同的工作状态，虽然两者具有一定的相关性，例如较大的工作压力通常会导致忙碌，但又会带来不同的影响。忙碌更多影响的是时间安排，压力影响更多的是精力的分配。例如，某些工作可能时间安排较为紧张，但在工作之外却是较为轻松的；有些工作可能没有具体时间上的紧张要求，但工作要求较高，竞争较为激烈，让人长时期处于紧张状态，缺少精力思考和顾及其他。从分工方面来说，体力劳动者面临更多的是忙碌的状态，而脑力工作者更多面临压力状态。

研究对于工作压力状态同样设置了 3 个层次，通过交叉分析探讨不同压力状态对人们生育和再生育的影响。从数据分布来看，与工作忙碌情况类似，压力处于中间层次的"有一定压力"的群体所占比例最高，"压力很大"的群体所占比例最小（表 2.7）。

表 2.7　样本工作压力情况

工作压力状态	小计	比例	
没什么压力	77		17.26%
有一定压力	293		65.70%
压力很大	76		17.04%
合计	446		100%

（5）样本工作稳定性情况

除了忙碌和压力状态，工作的稳定性是职业特征中另一重要内容，工作是否稳定影响着家庭生活的稳定性，进而影响子女养育能力的稳定性和子女成长环境的稳定性。研究对于稳定性同样进行了 3 个层次的划分，设定为"比较稳定""不太稳定"和"非常不稳定"。

从数据结果来看，大部分（77.35%）样本的工作处于稳定性较好的状态，处于"非常不稳定"状态的占比较少（表 2.8）。

表 2.8　样本工作稳定性情况

工作稳定性情况	小计	比例	
比较稳定	345		77.35%
不太稳定	81		18.16%
非常不稳定	20		4.48%
合计	446		100%

3. 样本家庭特征

（1）是否为独生子女

根据相关文献观点和研究者经验，由于家庭和个人的独生子女体验给独生子女家庭的后继生育问题带来一定程度的影响，本研究在问卷设计中列入了"本人是否为独生子女"这一题目，试图分析"本人是否为独生子女"这一因素对其生育意愿的影响。样本中独生子女占比低于非独生子女，但比例相差不大，不影响数据分析效果（图 2.2）。

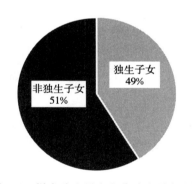

图 2.2　样本独生子女和非独生子女比例

（2）父母关系

大量研究证明，原生家庭对于个体的影响是巨大的。从社会主流价值观的角度看，生育本身属于家庭行为，基于父母关系对于原生家庭环境的较大影响并因此可能对于家庭中子女的婚姻观造成影响，且婚姻观与生育观的相关性较强，本研究在生育意愿调查中列入了本人父母关系这一变量，试图探讨父母关系对子女生育意愿的影响。

从问卷统计结果来看，大部分（80.72%）样本认为自己的父母关系是和谐的，父母离异的样本占 6.28%，其余为"父母矛盾较多"型样本（13.00%）（表2.9）。

表2.9 样本父母关系状况分布

样本父母关系	计数	比例	
父母感情和谐	360		80.72%
父母矛盾较多	58		13.00%
父母离异	28		6.28%
合计	446		100%

（3）已有子女数量和期待子女数量

446个调查样本中，已有子女的样本占据多数，总比例为58.3%，其中已有1个子女的样本比例最高，已有两个子女的比例次之，而且少量样本已有3~4个子女（表2.10）。

表2.10 样本已有子女数量情况

已有子女数量	计数	比例	
1个	169		37.89%
2个	86		19.28%
3个	3		0.67%
4个及以上	2		0.45%
没有子女	186		41.70%
合计	446		100%

研究中将"理想的子女数量"定义为评价生育意愿的指标之一。为了了解样本理想中子女的数量在现实中得到满足的情况，对"理想子女数量"和"已有子女数量"进行交叉分析发现，已有子女数量为"1个"的样本中有58.33%的人尚未实现理想；理想子女数量为"2个"的样本中74.51%的人已有子女数量不足"2个"；理想子女数量为"3个"的样本中理想数量尚未实现的比例达到100%；理想子女数量为"4个"的样本中实现理想的为14.29%（表2.11）。也就是说，调查样本中绝大部分人现实中尚未实现子女数量方面的理想。

表 2.11　样本理想子女数量与已有子女数量交叉分析

理想子女数量	已有子女数量					小计
	1 个	2 个	3 个	4 个及以上	没有子女	
1 个	28 (38.89%)	2 (2.78%)	0 (0%)	0 (0%)	42 (58.33%)	72
2 个	44 (28.76%)	38 (24.84%)	1 (0.65%)	0 (0%)	70 (45.75%)	153
3 个	9 (52.94%)	4 (23.53%)	0 (0%)	0 (0%)	4 (23.53%)	17
4 个及以上	2 (28.57%)	3 (42.86%)	0 (0%)	1 (14.29%)	1 (14.29%)	7

（4）已有子女年龄情况

已有子女年龄情况也往往成为现实中影响其父母再度生育的因素，多数情况下，已有子女年龄太小或太大都会影响父母再度生育。已有子女年龄太小，再生育会影响对现有子女的照料，已有子女年龄太大则会导致再生育子女与现有子女间较大的年龄差，为现有子女增加负担。因此，本研究在问卷中对样本已有子女年龄情况进行了调查。

由于样本拥有子女数量存在差异，又存在同一样本多个子女的年龄差异和不同样本的子女间的年龄差异，年龄选项的设计具有一定的复杂性。又由于不同年龄段与教育阶段紧密相关，而不同教育阶段又影响着父母的成本投入，因此调查中依据教育阶段对已有子女年龄情况进行划分。对于"2 个以上孩子且处于不同教育阶段"的情况，假设其子女年龄差较大，忽略可能存在的 2 个以上子女年龄差较小但正好处于不同教育阶段的情况，例如一个处于幼儿园大班，一个处于小学一年级的情况，或者一个处于初中三年级，一个处于高中一年级的情况。一方面由于这种情况概率较小；另一方面，即便年龄相近，当前处于不同教育阶段，仍然要求父母投入不同的精力和成本，与子女年龄相差较大的情况带来的影响具有一定的相似性。

样本数据显示，在已有子女的 260 个样本中，已有子女均处于义务教育阶段（6～15 岁即小学一年级到高中之前）的样本比例最高（32.31%）；已有子女均处于幼儿阶段（6 岁以下）的样本比例次之；然后是已有子女均已成年的样本（18.46%）；已有子女年龄差较大的同样占有一定比例（14.23%）；已有子女均处于高中年龄阶段的比例较小；已有"2 个以上子女，包括幼儿和成年子女"即子女年龄差最大的情况所占比例最小（表 2.12）。

表 2.12　样本已有子女年龄情况

已有子女年龄	计数	比例	
均已成年	48		18.46%
均为幼儿（6岁以下）	72		27.69%
均处在义务教育阶段	84		32.31%
均在15～18岁之间	15		5.77%
2个以上孩子且处于不同教育阶段	37		14.23%
2个以上孩子，包括幼儿和成年子女	4		1.54%
合计	260		100%

（5）已有子女性别情况

由于人们对于生育性别存在偏好，已有子女的性别状况同样会影响到人们再生育的决策，因此本研究对样本的已有子女性别情况也进行了调查。调查并未具体了解样本中每个孩子的性别情况，而是概括性地了解了样本中已有男孩、女孩和儿女双全的情况。

数据显示，已有"儿子"的样本比例最高，"儿女双全"的比例最低（表2.13）。

表 2.13　样本已有子女性别情况

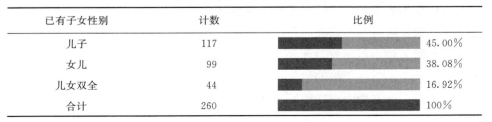

已有子女性别	计数	比例	
儿子	117		45.00%
女儿	99		38.08%
儿女双全	44		16.92%
合计	260		100%

期待子女性别是人们理想状态的子女性别状况，如果现实的孩子性别与期待不符，则有可能促使再生育。因此，研究对样本期待子女性别与已有子女性别进行了交叉分析，以发现已有子女性别与期待子女性别的差距。交叉分析仅涉及愿意生孩子且已生育孩子的样本，总计132人。

数据结果显示，所有具有性别偏好的群体其对子女的性别期待都没有全部得到满足。期待拥有"至少1个女儿"的理想实现比例是最高的，也就是说期望拥有女儿的群体中有72.22%现实中确实生育了女儿。而期待"2个以上儿子"的样本中有75%确实生育了儿子，但数据统计中并未涉及已有不同性别

子女数量，所以不确定这 75％生育儿子的群体具体的儿子数量。期待"1 儿 1
女"的群体中仅有 23.53％在现实中达到了儿女双全。总体来看，人们已有子
女性别分布与理想子女性别状态差距较大（表 2.14）。

表 2.14　样本期待子女性别与已有子女性别交叉分析

理想子女性别	已有子女性别			
	儿子	女儿	儿女双全	小计
至少 1 个儿子	4（57.14％）	2（28.57％）	1（14.29％）	7
至少 1 个女儿	5（27.78％）	13（72.22％）	0（0％）	18
1 儿 1 女	31（45.59％）	21（30.88％）	16（23.53％）	68
2 个以上儿子	3（75.00％）	1（25.00％）	0（0％）	4
2 个以上女儿	1（25.00％）	2（50.00％）	1（25.00％）	4
不同性别的更多子女	2（20.00％）	6（60.00％）	2（20.00％）	10
不在意性别	11（52.38％）	7（33.33％）	3（14.29％）	21
合计				132

（6）对已有子女的满意情况

对于已生育人群来说，人们对已有子女是否满意也会成为其再生育决策的
影响因素。按照研究者经验，对已有子女健康状况的不满可能导致再生育，以
获得更为健康的子女。对于已有子女其他方面的不满可能会导致不同方向的再
生育决策，后续生育意愿差异分析中将进一步探讨。

从样本数据分布来看，人们对于已有子女的满意度还是比较高的，"非常
满意"的超过了一半，加上"基本满意"的情况，总的满意度达到 92.31％，
对已有子女"不太满意"的仅占极少数，"非常不满"的仅有 1 人（表 2.15）。

表 2.15　样本对已有子女的满意情况

已有子女满意情况	计数	比例	
非常满意	132		50.77％
基本满意	108		41.54％
不太满意	19		7.31％
非常不满	1		0.38％
合计	260		100％

从人们不满意已有子女状况的原因来看，最主要原因是"孩子学习不好"，

其次是"孩子不好管"。但这两个原因实际上带来相似的效果，那就是养育孩子的过程中需要耗费较大的成本，包括时间和精力等。而单纯因为个人喜好原因对已有孩子不满意的人群占比较小，如对性格或外貌的不满。而对于因造成较高养育成本而产生对已有孩子不满情绪的群体，则有可能导致其不愿意再生育，以避免养育成本继续上升（表2.16）。

表 2.16　样本对已有子女不满意的原因

不满意原因	小计	比例
孩子身体不好	0	0%
孩子学习不好	10	47.62%
对孩子性格不满意	2	9.52%
孩子不好管	4	19.05%
对孩子外貌不满意	1	4.76%
其他	4	19.05%
合计	21	100%

（7）已有子女照料情况

当今社会子女照料的成本较高，需求也较高。特别是在大城市，基于社会竞争压力较大，依据安全、健康、能力等方面的要求，从日常生活到休闲娱乐再到教育培养，不仅需要专门人员照顾，对照顾者各方面能力素质的要求也较高。依据研究者的经验，一部分群体会因为无法提供照料而减少生育数量。因此本研究针对家庭子女照料情况设计调查题目，以了解当前社会中家庭子女照料人员现状，为后续在此方面提出相关建议提供依据。

从统计情况来看，"夫妻双方共同照顾"的情况占比最高，这就要求夫妻双方有足够的时间和精力用于照料子女，特别是幼儿时期的子女，需要投入时间精力较多，如果夫妻双方都处于工作繁忙或事业压力较大的状态，则无法提供相应的照料。小学阶段的子女照料同样需求较高，特别是"双减政策"实施之后，孩子上学需要固定时间接送，而放学时间与常规的成人工作下班时间冲突。因此，能够由夫妻双方照顾子女的一般情况是夫妻中至少有一方工作稳定且清闲，或者一方全职照料孩子。

排在第二位的是"夫妻双方＋老人照顾"，这也是中国社会子女家庭照料的传统方式。老人在日常生活和上学接送方面可提供帮助，夫妻双方更多的是在子女能力培养和教育方面的投入，这似乎成为很多城市中家庭养育子女的常态，也是研究者所见到的最多的一种子女照料模式。这一照料模式要求夫妻双方中至少一方的老人的健康程度和时间精力情况能够满足照料孩子的需求，且老人愿意提供帮助。而因为这一照料模式产生家庭矛盾的案例也较多，矛盾是否会进一步影响再生育也是值得探究的问题（表2.17）。

表 2.17 样本中已有子女的照料情况

子女照料情况	小计	比例	
夫妻双方共同照顾	114		43.85%
夫妻一方专职照顾	20		7.69%
老人照顾	31		11.92%
雇人照顾	3		1.15%
夫妻一方专职＋老人照顾	15		5.77%
夫妻一方专职＋雇人照顾	1		0.38%
夫妻双方＋老人照顾	71		27.31%
夫妻双方＋雇人照顾	5		1.92%
合计	260		100%

4. 样本社会特征

（1）户口类型

样本职业特征中是以主要收入来源的从业方式进行的职业类型划分，由于户口在多数情况下已经不能限制职业选择，因此并未涉及户口问题。但户口能够影响到子女的户口类型，从而影响到子女教育，因此研究中对样本户口类型进行了统计。由于抽样方式的限制，样本涉及农村户口所占比例较少，但基本能达到分析要求（图2.3）。

（2）居住地区和城乡分布

调查研究主要集中在北京地区，因此样本也主要来源于北京地区，从样本生活区域的统计来看，446份样本来自全国28个省份，其中来自北京的有315份，占

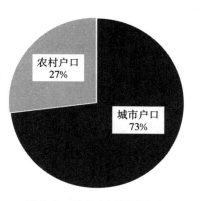

图 2.3 样本户口类型分布

70.63％，而来自其余省份和直辖市的样本所占比例较小，因而此次研究结果更适用于北京地区。其他地区样本数占比例较小，但多为研究者社会关系网络中人员，其学历水平和职业分布较为集中，且绝大多数来自一线城市，因此并未在样本中剔除，在分析区域差异较大的收入和教育情况时会进行区域间对比。

从居住地区城乡分布来看，多数样本来自于城市地区（图2.4）。

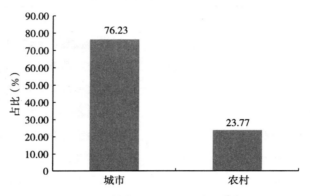

图2.4　样本的生活地区城乡分布

5. 样本经济特征

家庭经济情况作为子女养育的支撑，是不可忽视的分析变量。本研究主要以经济收入和家庭资产情况为指标来考察样本的家庭经济情况。经济收入包括家庭年收入和每月可支配收入，家庭资产包括家庭房产和车辆拥有情况。

（1）家庭年收入情况

分析中将样本按其家庭年收入水平划分为高收入、中收入、低收入三个阶层。家庭年收入10万元及以下和10万～30万元的群体为低收入阶层；家庭年收入为30万～50万元和50万～80万元的两类群体为中收入阶层；家庭年收入为80万～100万元和100万元以上的两个群体为高收入阶层。同时，基于不同收入群体的对比分析，又会使用"较高收入群体"（家庭年收入50万元以上群体）和"较低收入群体"（家庭年收入50万元以下群体）的表达方式，以对比不同收入阶段的生育意愿差异。

从各类收入群体的数据分布来看，调查样本中中低收入阶层所占比例明显高于高收入阶层。处于高收入第二阶层的家庭年收入80万～100万元的样本所占比例最低（表2.18）。

表 2.18　样本家庭年收入情况

家庭年收入	小计	比例	
10 万元及以下	119		26.68%
10 万～30 万元	181		40.58%
30 万～50 万元	86		19.28%
50 万～80 万元	36		8.07%
80 万～100 万元	9		2.02%
100 万元以上	15		3.36%
合计	446		100%

（2）每月可支配收入

研究将每月可支配收入大致划分为 6 个层次，数据分布大致表现出与家庭年收入数据类似的规律。每月可支配收入最低的样本群体所占比例最高，同样是处于第二高度的每月可支配收入在 12 001～15 000 元的样本群体所占比例最低，与家庭年收入数据情况一致（表 2.19）。

表 2.19　样本每月可支配收入情况

每月可支配收入	小计	比例	
2 000 元及以下	106		23.77%
2 001～5 000 元	103		23.09%
5 001～8 000 元	69		15.47%
8 001～12 000 元	76		17.04%
12 001～15 000 元	21		4.71%
15 000 元以上	71		15.92%
合计	446		100%

从家庭年收入与每月可支配收入的交叉分析数据来看，基本表现出家庭收入越高，每月可支配收入越高的情况，可见家庭收入的高低对每月可支配收入的高低具有较直接的影响（表 2.20）。

表 2.20 家庭年收入与每月可支配收入交叉分析

家庭年收入	每月可支配收入						小计
	2 000 元及以下	2 001～5 000 元	5 001～8 000 元	8 001～12 000 元	12 001～15 000 元	15 000 元以上	
10 万元及以下	74 (62.18%)	29 (24.37%)	12 (10.08%)	2 (1.68%)	0 (0%)	2 (1.68%)	119
10 万～30 万元	26 (14.36%)	64 (35.36%)	37 (20.44%)	40 (22.10%)	3 (1.66%)	11 (6.08%)	181
30 万～50 万元	6 (6.98%)	8 (9.30%)	14 (16.28%)	25 (29.07%)	10 (11.63%)	23 (26.74%)	86
50 万～80 万元	0 (0%)	1 (2.78%)	3 (8.33%)	7 (19.44%)	4 (11.11%)	21 (58.33%)	36
80 万～100 万元	0 (0%)	0 (0%)	2 (22.22%)	2 (22.22%)	3 (33.33%)	2 (22.22%)	9
100 万元以上	0 (0%)	1 (6.67%)	1 (6.67%)	0 (0%)	1 (6.67%)	12 (80.00%)	15

（3）样本房产情况

房产是社会普通家庭最为重要的固定资产，很大程度上体现了家庭的经济实力，因此研究中将房产拥有情况作为衡量家庭经济特征的重要指标。虽然家庭收入情况是影响样本房产拥有情况的重要因素，但住房的购买在很大程度上受到房地产市场周期、政策调控以及家庭继承、户籍地拆迁补偿等诸多因素的影响。因此，研究分析样本家庭年收入的同时也要关注其房产情况的分析。

数据显示，样本中拥有1套自有产权住房的所占比例最高（44.62%），其次为没有自有产权住房的样本，拥有3套以上自有产权住房的样本比例最小（9.64%）。该数据分布与家庭年收入数据同样表现出类似的规律，大部分人群处于没有房产或仅有1套房产的情况，房产资源较多的为少数群体（表 2.21）。

表 2.21 样本房产情况

样本房产情况	小计	比例
没有自有产权住房	111	24.89%
自有产权住房 1 套	199	44.62%
自有产权住房 2 套	93	20.85%
自有产权住房 3 套以上	43	9.64%
合计	446	100%

（4）样本住房情况

住房情况主要是考察样本居住房屋的属性。在大城市，特别是北京，由于工作或子女上学距离，或教育片区选择，或自有房产面积等方面的因素，部分人不一定居住在自有产权住房中。虽然住房情况应该归类于家庭特征部分，但由于其与房产拥有情况的相关性，将该因素放在此处分析，以方便对比。

从样本数据分布来看，大部分样本（76.01%）居住在自有产权住房中，居住在单位宿舍和整租住房的情况均占有一定比例，公租房和合租的比例较小（表2.22）。

表2.22 样本住房情况

住房情况	小计	比例
居住在自有产权住房中	339	76.01%
居住在公租房中	12	2.69%
居住在单位宿舍	41	9.19%
居住在出租房屋中，自家整租一套房屋	34	7.62%
与别人合租住房	20	4.48%
合计	446	100%

（5）家庭拥有车辆情况

车辆是社会普通家庭除住房外的另一重要固定资产。在大城市中，子女生育和养育过程涉及诸多交通问题，车辆的拥有情况影响着交通的便利程度，从而可能成为人们生育或再生育的影响因素之一。鉴于研究者的社会经验，调查仅涉及了"没有车辆""拥有1辆车"和"拥有2辆车以上"的情况。

样本中"拥有1辆车"的比例最高，"拥有2辆车以上"的比例最低，但总体来看，家庭中拥有车辆的样本比例大于没有车辆的样本比例（表2.23）。

表2.23 样本家庭拥有车辆情况

家庭拥有车辆情况	小计	比例
没有车辆	119	26.68%
拥有1辆车	218	48.88%
拥有2辆车以上	109	24.44%
合计	446	100%

6. 样本所处环境针对生育的态度和措施

紧密相关的环境往往给人带来较大的影响。生育政策调整后，很多地区的相关部门都大力宣传号召并相继出台生育鼓励的措施，本研究针对距离人们最近，与人们关系也是最密切的工作单位和居住社区（村）进行了解，探讨工作生活环境对人们生育意愿的影响情况。

（1）单位对于员工生育的态度

从人们长期以来较为广泛的认知出发，生育是影响事业发展的，特别是对于女性而言。主要是因为生育行为本身影响人们的工作时间和工作状态，从而影响工作成绩，最终影响事业发展。因此，长期以来社会上存在因生育造成的就业不平等的问题。即便有相关法律的保护，也难以完全消除因此带来的就业歧视。而就业对于人们的生存和发展来讲极为重要，因此就业单位对于员工生育的态度不可避免地影响员工的生育意愿。

本研究以支持和鼓励的情况划分单位对于员工生育的态度。从数据结果来看，多数（67.26%）就业单位对于员工生育不施加影响，或者说没有表现出明显的倾向性态度；支持鼓励的单位占有一定比例，对员工生育持反对态度的单位占比较少（表2.24）。

表 2.24　样本单位对员工生育的态度

单位态度	小计	比例	
支持鼓励	116		26.01%
没有特别的态度	300		67.26%
不希望员工生孩子影响工作	30		6.73%
合计	446		100%

（2）单位生育鼓励措施采取情况

虽然有116个样本选择了单位在对待员工生育时持"支持鼓励"态度，但其中仅有89个样本表示其单位针对员工生育采取了相关的鼓励措施（表2.25）。

表 2.25　样本单位对员工生育的鼓励措施采取情况

鼓励措施	小计	比例	
有	89		19.96%
没有	357		80.04%
合计	446		100%

（3）居住区的生育鼓励措施采取情况

居住区是除工作单位外人们接触最多和接触时间最长的环境，社区和村管理部门和管理组织的各类宣传和措施的采取也是距离人们最近的。从调查情况来看，居住区采取生育鼓励措施的比例不到1/3（表2.26）。

表2.26　样本居住区的生育鼓励措施采取情况

鼓励措施	小计	比例
有	118	26.46%
没有	328	73.54%
合计	446	100%

第三章　当代人的婚姻选择
与婚姻现状

一、样本当前的婚姻状况

由于社会整体价值观的变化，人们的婚姻相对于传统社会时期产生了较大改变，加之女性整体的能力、素质的提高以及经济上的独立，对于很多人来说，"婚姻"不再是人生的必需品。虽然对于一部分人来说，"婚姻"也不再是"生育"的必要条件，但在我国现有价值观影响下和相关制度的限制下，婚内生育仍然是占据主导地位的生育行为，真正愿意选择非婚生育的人终究是少数。因此，婚姻状态与生育意愿的相关性较强，后续样本数据分析中也证实了这一情况。

样本的婚姻状况分布一定程度上代表了当前社会的婚姻状况，样本婚姻现状数据分布在样本特征描述中已进行介绍，这里不再赘述。但为了内容的完整性和上下文连贯，再次在本章节提供样本婚姻状况分布数据（表3.1）。

表 3.1　样本婚姻状况分布

婚姻状况及婚姻选择	数量	比例
未婚并且不打算结婚	34	7.62%
未婚但期望结婚	123	27.58%
已婚并且夫妻感情和谐	263	58.97%
已婚但婚姻不和谐	15	3.36%
离异并准备再婚	2	0.45%
离异并不打算再婚	5	1.12%
丧偶并准备再结婚	0	0%
丧偶但不打算再结婚	4	0.90%
合计	446	100%

二、当代人的婚姻选择

1. 样本婚姻选择概况

样本特征数据显示，446 名调查对象中，168 名处于婚外状态，其中未婚者 157 名，另还包括离异 7 名，丧偶者 4 名。从婚姻选择数据来看，多数未婚调查对象是期待进入婚姻的。其婚姻选择如表 3.2 所示。

表 3.2　婚外被调查者的婚姻选择情况

数量和比例	未婚	离异	丧偶
样本数量	157	7	4
计划进入婚姻的比例	78.35%	28.57%	0
不计划进入婚姻的比例	21.65%	71.43%	100%
合计	100%	100%	100%

从数据统计来看，虽然未婚群体中超过 3/4 的人数期待并计划进入婚姻，但不婚群体的比例同样值得关注。通过交叉分析，未婚并不计划进入婚姻的群体中，本科以上学历者占 94.11%。虽然本研究所涉及的未婚群体主要为在校本科生或研究生，样本比例不具代表性，但至少可以说明，高学历群体的婚姻观已经超出传统认知，结婚对于其中超过 1/5 的人来说都不再是必要的人生选择。

婚姻选择与生育意愿的关系极为密切，从已有数据来看，不计划结婚的未婚群体中，有 94.12% 的被调查者没有生育计划；不计划再次进入婚姻的离异和丧偶群体中没有生育计划的分别占到 40% 和 75%。

2. 离异和丧偶样本婚姻选择情况

虽然离异和丧偶样本数据量较少，代表性不强，但这里要提及的是，在少量离异和丧偶样本中，不打算再婚的群体占据明显多数。两类共 11 个样本中，仅在离异样本中有 2 人选择"准备再婚"，丧偶样本"准备再婚"的人数为 0，两类人群总体上拒绝再婚的比例达到 81.82%（表 3.3）。因此，后续分析中不再对丧偶样本进行婚姻选择的交叉分析，仅在部分数据差异明显的因素中对离异样本进行分析。

表 3.3　离异和丧偶样本婚姻选择

婚姻状况	准备再婚	不打算再婚	小计
离异	2	5	7
丧偶	0	4	4
合计	2	9	11

三、性别与婚姻

婚姻在很大程度上是会影响到生育的，因此，本研究还是对婚姻选择进行了不同维度的分析。传统观念中，女性相对于男性更为依赖婚姻，也更容易受到婚姻的影响。但从婚姻状况与性别的交叉分析表可以看出，在婚姻的选择上，不打算结婚和不打算再婚的女性比例明显高于男性。在一定程度上说明现代女性的婚姻观早已更新，女性对婚姻的依赖程度低于男性。

同时，数据显示男性未婚样本的比例（41.83%）明显高于女性未婚样本（32.98%）。也就是说，男性中存在比例较高的未婚群体，且其中大部分（87.50%）是期待结婚的，而女性中未婚群体比例较低，其中期待结婚的比例（72.04%）也较男性要低（表 3.4）。如果再考虑社会性别比情况，将这一数据情况推广到社会总体中，则意味着大量期待结婚的未婚男性并不能达到目的。

表 3.4　不同性别样本婚姻选择与婚姻状况

性别	未婚			已婚		
	不打算结婚	期望结婚	小计	婚姻和谐	婚姻不和谐	小计
男	8	56	64	87	2	89
	12.50%	87.50%	100%	97.75%	2.25%	100%
女	26	67	93	176	13	189
	27.96%	72.04%	100%	93.12%	6.88%	100%

四、年龄与婚姻

样本中未婚群体以 25 岁以下人群为主，157 个未婚样本中，30 岁以下样本为 142 个，占 90.45%，25 岁以下样本为 109 个，占 69.43%。当然，中年龄段和高年龄段群体同样占有一定比例，而且中高年龄段还有一定比例的离异或丧偶且尚未再婚或不打算再婚的群体。

研究通过年龄与婚姻状况的交叉分析探讨不同年龄段的婚姻状态和婚姻选择。从数据情况来看，样本中"未婚并不打算结婚"的比例随年龄段的上升而降低，当然，这与低年龄段样本中未婚者比例本身较高有关，但数据同样值得关注，20岁以下的未婚群体中，超过1/5的人没有结婚打算，21～25岁未婚群体中的这一比例也达到了将近1/5，还有少数高年龄段群体处于"未婚且不打算结婚"的状态。可见，未来社会的高龄单身群体比例会继续上升。少量的离异和丧偶样本中，"不打算再婚"的比例也明显高于"打算再婚"的比例。总的来看，社会上适婚年龄段婚外群体所占比例较高并且存在继续上升的趋势。

已婚群体中，大致表现出年龄段越高"婚姻不和谐"比例越高的数据规律，但数据差异性不明显（表3.5）。

表3.5 不同年龄段样本婚姻状况和婚姻选择

年龄	未婚 不打算结婚	未婚 但期望结婚	小计	已婚 且婚姻和谐	已婚但 婚姻不和谐	小计
20岁及以下	7（22.58%）	24（77.42%）	31	0（0%）	0（0%）	0
21～25岁	16（20.51%）	62（79.49%）	78	6（100%）	0（0%）	6
26～30岁	5（15.15%）	28（84.85%）	33	17（85.00%）	3（15.00%）	20
31～35岁	4（40.00%）	6（60.00%）	10	57（96.61%）	2（3.39%）	59
36～40岁	0（0%）	1（100%）	1	55（94.83%）	3（5.17%）	58
41～45岁	1（100%）	0（0%）	1	72（94.74%）	4（5.26%）	76
46岁及以上	1（33.30%）	2（66.70%）	3	56（94.92%）	3（5.08%）	59
合计	34	123	157	263	15	278

五、生活区域与婚姻

1. 不同生活地区样本的婚姻状况

对来自28个省份的数据进行统计发现，共有10个地区存在"未婚并不打算结婚"的样本比例，虽然北京以外地区样本数量较少，代表性不强，但至少可以说明，"不婚者"分布区域较广。北京315个样本的未婚比例为38.73%，其中不打算结婚的占20.49%，与样本整体数据类似（21.65%）。

2. 婚姻状况的城乡差别

城乡二元结构的长期影响，城乡人口价值观存在较大差异，但随着当今社会人口流动和网络媒体的发展，这一差距在不断发生变化。为了分析城市人口和农村人口婚姻状况和婚姻选择的差异，本研究对户口和婚姻状况进行交叉分析（表3.6）。

数据结果显示，单纯计算未婚样本数据，城市户口的102个未婚样本中，"未婚并不打算结婚"的有27个，占比为26.47%；农村户口的55个未婚样本中，"未婚并不打算结婚"的有7个，占比为12.73%，比城市户口同类样本少一半多。也就是说，城市户口未婚群体更倾向于不婚。

在已婚样本中，城市户口已婚样本中夫妻感情和谐的比例（94.93%）略高于农村户口样本同一数据（表3.6）。

表3.6　婚姻状况和婚姻选择的城乡差异

地域	未婚			已婚		
	不打算结婚	期望结婚	小计	婚姻和谐	婚姻不和谐	小计
城市户口	27（26.47%）	75（73.53%）	102	206（94.93%）	11（5.07%）	217
农村户口	7（12.73%）	48（87.27%）	55	57（93.44%）	4（6.56%）	61
合计			157			278

六、受教育程度与婚姻

人们的婚姻观与其社会认知和由此形成的价值观紧密相关，而受教育程度又是影响人们社会认知和价值观的重要因素。因此，有必要研究获取样本受教育情况并对不同受教育水平的样本进行婚姻状况分析。

从受教育程度与婚姻状况和婚姻选择的交叉分析数据来看，高学历样本未婚样本比例较高，未婚样本中"不打算结婚"的比例也相对较高，博士学位人群"不打算结婚"的比例最高，达到1/3以上。

已婚样本中，数据随学历变化规律不明显，大专学历群体"婚姻不和谐"比例最高，初中及以下学历群体婚姻和谐度最高（表3.7）。

表3.7　不同教育程度样本婚姻状况和婚姻选择

受教育程度	未婚			已婚		
	不打算结婚	期望结婚	小计	婚姻和谐	婚姻不和谐	小计
初中及以下	0 （0%）	1 （100%）	1	33 （97.06%）	1 （2.94%）	34

（续）

受教育程度	未婚			已婚		
	不打算结婚	期望结婚	小计	婚姻和谐	婚姻不和谐	小计
高中（中专、职高、技校）	1（100％）	0（0％）	1	15（93.75％）	1（6.25％）	16
大专	1（100％）	0（0％）	1	16（88.89％）	2（11.11％）	18
本科	21（20.79％）	80（79.21％）	101	93（96.88％）	3（3.12％）	96
硕士	7（17.07％）	34（82.93％）	41	63（91.30％）	6（8.70％）	69
博士	4（33.33％）	8（66.67％）	12	43（95.56％）	2（4.44％）	45
合计			157			278

七、职业与婚姻

1. 职业类型与婚姻

抽取不同职业类型的未婚和已婚样本，统计发现，未婚样本主要分布在学生、公务员、事业单位员工、央企员工以及外企员工和自由职业者等职业中，学生因其年龄和职业的特殊性，均为未婚群体。也就是说，三类优势职业类型中未婚群体所占比例最高。其中，公务员、事业单位员工"不打算结婚"的人数最多，私企员工次之。务农人员、工人、服务行业打工人员以及个体经营者等相对稳定性和待遇较低的行业完全没有"不打算结婚"的样本。

已婚样本中，外企员工和其他职业类型人员"婚姻不和谐"的比例较高，其他群体数据差异不大（表3.8）。

表3.8　不同职业类型婚姻状况和婚姻选择

职业类型	未婚			已婚		
	不打算结婚	期望结婚	小计	婚姻和谐	婚姻不和谐	小计
务农人员	0（0％）	1（100％）	1	33（94.29％）	2（5.71％）	35
工人	0（0％）	4（100％）	4	7（100％）	0（0％）	7

（续）

职业类型	未婚			已婚		
	不打算结婚	期望结婚	小计	婚姻和谐	婚姻不和谐	小计
服务行业打工人员	0（0%）	3（100%）	3	4（100%）	0（0%）	4
个体经营者	0（0%）	0（0%）	0	11（100%）	0（0%）	11
公务员、事业单位员工	8（25.00%）	24（75.00%）	32	104（96.30%）	4（3.70%）	108
央企员工	1（11.11%）	8（88.89%）	9	27（96.43%）	1（3.57%）	28
私企员工	3（18.75%）	13（81.25%）	16	39（95.12%）	2（4.88%）	41
外企员工	1（50.00%）	1（50.00%）	2	8（66.67%）	4（33.33%）	12
自由职业者	2（50.00%）	2（50.00%）	4	13（100%）	0（0%）	13
无业或待业	0（0%）	0（0%）	0	3（100%）	0（0%）	3
其他	1（16.67%）	5（83.33%）	6	14（87.50%）	2（12.50%）	16
学生	18（22.50%）	62（77.50%）	80	0（0%）	0（0%）	0

2. 工作状态与婚姻

本研究以工作忙碌程度、工作压力情况和工作稳定性作为衡量工作状态的3个指标，并通过3个指标因素与婚姻状态和婚姻选择的关联度衡量工作状态对婚姻的影响情况。

（1）工作忙碌程度与婚姻

交叉分析数据显示（表3.9），未婚样本中，工作"非常忙碌"群体"不打算结婚"的比例最高。已婚样本中，"非常忙碌"的群体中"婚姻不和谐"比例高于另外两个类型群体，达9.62%。"比较忙碌"群体的未婚样本是"期望结婚"比例最高，同时其已婚样本是"婚姻和谐"比例最高。看来，工作忙碌程度处于中等状态的群体在未婚时婚姻选择更为积极，已婚后的婚姻状态也更好。忙碌程度对于离异和丧偶群体的婚姻选择没有影响。

表3.9　工作忙碌程度与婚姻状态和婚姻选择交叉分析

忙碌程度	未婚		已婚		离异	
	期望结婚	不打算结婚	婚姻和谐	婚姻不和谐	准备再婚	不打算再婚
比较轻松	49（79.03%）	13（20.97%）	64（91.43%）	6（8.57%）	1（100%）	0（0%）
比较忙碌	64（80.00%）	16（20.00%）	152（97.44%）	4（2.56%）	0（0%）	4（100%）
非常忙碌	10（66.67%）	5（33.33%）	47（90.38%）	5（9.62%）	1（50.00%）	1（50.00%）

（2）工作压力与婚姻

工作压力程度与婚姻状态和婚姻选择的交叉分析数据与工作忙碌程度的相关数据不具一致性。不同工作压力程度的未婚样本在婚姻选择方面并未表现出明显差异，"期待结婚"和"不打算结婚"的选择比例都极为接近（表3.10）。已婚样本的婚姻状态差异性也不大，处于中等压力的群体"婚姻和谐"的比例相对较高。离婚和丧偶样本中，均是处于中间阶段的"有一定压力"的群体"不打算再婚"的比例最高。

表 3.10　工作压力程度与婚姻状态和婚姻选择交叉分析

压力程度	未婚		已婚		离异	
	期待结婚	不打算结婚	婚姻和谐	婚姻不和谐	准备再婚	不打算再婚
没什么压力	26 (78.79%)	7 (21.21%)	39 (92.86%)	3 (7.14%)	1 (100%)	0 (0%)
有一定压力	79 (78.22%)	22 (21.78%)	179 (95.72%)	8 (4.28%)	0 (0%)	3 (100%)
压力很大	18 (78.26%)	5 (21.74%)	45 (91.84%)	4 (8.16%)	1 (33.33%)	2 (66.67%)

（3）工作稳定性与婚姻

不同工作稳定性状态的样本婚姻选择和婚姻状态的数据表现出的规律性最强。未婚样本中，工作稳定性越高的群体"不打算结婚"的比例越高，且数据变化较为明显。已婚样本中，工作稳定性越高的样本"婚姻和谐"的比例越高（表3.11）。也就是说，未婚群体中的样本工作越稳定越不想结婚，已婚群体中，样本工作越稳定，婚姻关系越和谐。

表 3.11　工作稳定性与婚姻状态和婚姻选择交叉分析

工作稳定性	未婚		已婚		离异	
	期望结婚	不打算结婚	婚姻和谐	婚姻不和谐	准备再婚	不打算再婚
比较稳定	96 (77.42%)	28 (22.58%)	203 (95.75%)	9 (4.25%)	2 (28.57%)	5 (71.43%)
不太稳定	21 (80.77%)	5 (19.23%)	50 (92.59%)	4 (7.41%)	0 (0%)	0 (0%)

（续）

工作稳定性	未婚		已婚		离异	
	期望结婚	不打算结婚	婚姻和谐	婚姻不和谐	准备再婚	不打算再婚
非常不稳定	6 （85.71%）	1 （14.29%）	10 （83.33%）	2 （16.67%）	0 （0%）	0 （0%）

八、是否为独生子女与婚姻

独生子女的成长环境与非独生子女具有较大差异，社会上关于独生子女个性、价值观等方面的讨论也一直存在。研究试图分析样本的独生子女和非独生子女身份对于其婚姻选择和婚后的婚姻状态的影响。

未婚样本中，独生子女群体"不打算结婚"的比例高于非独生子女群体；已婚样本中，独生子女群体"婚姻不和谐"的比例高于非独生子女群体。可见，独生子女身份对于未婚和已婚群体在婚姻方面的影响应该都是不利的方面更多（表3.12）。

表 3.12　是否为独生子女与婚姻状况交叉分析

是否为 独生子女	未婚		已婚		离异	
	期望结婚	不打算结婚	婚姻和谐	婚姻不和谐	准备再婚	不打算再婚
独生子女	70 （76.92%）	21 （23.08%）	82 （92.13%）	7 （7.87%）	0 （0%）	1 （100%）
非独生子女	53 （80.30%）	13 （19.70%）	181 （95.77%）	8 （4.23%）	2 （33.33%）	4 （66.67%）

九、父母关系与婚姻

父母之间的关系是人们对于婚姻关系的最初感受和了解，对于人们婚姻观的形成起到不可忽视的很可能是根深蒂固的影响。研究将父母关系划分为"感情和谐""矛盾较多"和"离异"3个递进的层次，分析不同层次样本的婚姻选择和婚姻状态，从而发现父母关系对于样本婚姻选择和婚姻关系的影响。

数据明显显示出，"父母感情和谐"的未婚样本中"期待结婚"的比例最高（82.91%），比"父母矛盾较多"和"父母离异"样本的这一数据分别高出

19.27％和16.24％。已婚样本中，同样是"父母感情和谐"群体中"婚姻和谐"的比例最高（96.58％），比"父母矛盾较多"和"父母离异"样本分别高出13.72％和7.69％（表3.13）。

表 3.13 父母关系情况与婚姻状况交叉分析

父母关系情况	未婚		已婚	
	期望结婚	不打算结婚	婚姻和谐	婚姻不和谐
父母感情和谐	97（82.91％）	20（17.09％）	226（96.58％）	8（3.42％）
父母矛盾较多	14（63.64％）	8（36.36％）	29（82.86％）	6（7.14％）
父母离异	12（66.67％）	6（33.33％）	8（88.89％）	1（11.11％）

十、收入与婚姻

1. 家庭年收入与婚姻

家庭年收入与婚姻状况交叉分析数据显示，未婚样本中高收入样本所占比例较小，中低收入样本所占比例较高，其中收入为30万～50万元的样本中"期待结婚"的比例最高。收入为50万元以上样本由于数量稀少代表性不强。已婚样本中，收入与婚姻和谐情况的关系不明显（表3.14）。

表 3.14 家庭年收入与婚姻选择和婚姻状况交叉分析

家庭年收入	未婚		已婚	
	期望结婚	不打算结婚	婚姻和谐	婚姻不和谐
10万元以下	42（77.78％）	12（22.22％）	55（90.16％）	6（9.84％）
10万～30万元	59（77.63％）	17（22.37％）	98（96.08％）	4（3.92％）
30万～50万元	13（81.25％）	3（8.75％）	65（95.59％）	3（4.41％）
50万～80万元	4（100％）	0（0％）	30（96.77％）	1（3.23％）
80万～100万元	1（100％）	0（0％）	7（87.50％）	1（12.50％）
100万元以上	4（66.67％）	2（33.33％）	8（100％）	0（0％）

2. 每月可支配收入与婚姻

依据每月可支配收入水平进行的婚姻状况分析数据差异性相对更为明显。未婚样本中，每月可支配收入为2 001～5 000元的群体"期望结婚"的比例最高，每月可支配收入 12 000 元以上的样本较少，不具代表性。已婚样本中，收入为 8 001～12 000 元的群体的"婚姻和谐"比例最高（表 3.15）。

表 3.15　每月可支配收入与婚姻选择和婚姻状况交叉分析

每月可支配收入	未婚		已婚	
	期望结婚	不打算结婚	婚姻和谐	婚姻不和谐
2 000 元及以下	47 (79.66%)	12 (20.34%)	39 (88.64%)	5 (11.36%)
2 001～5 000 元	45 (81.82%)	10 (18.18%)	47 (97.92%)	1 (2.08%)
5 001～8 000 元	16 (76.19%)	5 (23.81%)	42 (93.33%)	3 (6.67%)
8 001～12 000 元	10 (71.43%)	4 (28.57%)	60 (98.36%)	1 (1.64%)
12 001～15 000 元	2 (100%)	0 (0%)	14 (82.35%)	3 (17.65%)
15 000 元以上	3 (50.00%)	3 (50.00%)	61 (96.83%)	2 (3.17%)

十一、家庭资产情况与婚姻

1. 家庭房产情况与婚姻

依据家庭房产情况进行的统计中，明显可见，未婚样本中，自有产权住房数量较多的群体"期望结婚"的比例较高。已婚样本中，同样表现出，自有产权住房数量较多的群体"婚姻和谐"的比例较高（表 3.16）。

表 3.16　家庭房产情况与婚姻选择和婚姻状况交叉分析

家庭房产情况	未婚		已婚	
	期望结婚	不打算结婚	婚姻和谐	婚姻不和谐
没有自有产权住房	69 (79.31%)	18 (20.69%)	19 (90.48%)	2 (9.52%)
自有产权住房 1 套	34 (72.34%)	13 (27.66%)	139 (94.56%)	8 (5.44%)
自有产权住房 2 套	7 (87.50%)	1 (12.50%)	80 (95.24%)	4 (4.76%)
自有产权住房 3 套以上	13 (86.67%)	2 (13.33%)	25 (96.15%)	1 (3.85%)

2. 家庭拥有车辆情况与婚姻

家庭拥有车辆情况与婚姻选择和婚姻状态的交叉分析所展现出来的不同样本的数据差异性不明显，可见拥有车辆情况对婚姻选择和婚姻状况影响不大（表 3.17）。

表 3.17　家庭拥有车辆情况与婚姻选择和婚姻状况交叉分析

家庭拥有车辆情况	未婚		已婚	
	期望结婚	不打算结婚	婚姻和谐	婚姻不和谐
没有车辆	42（76.36%）	13（23.64%）	55（94.83%）	3（5.17%）
拥有 1 辆车	56（80.00%）	14（20.00%）	137（94.48%）	8（5.52%）
拥有 2 辆车以上	25（78.13%）	7（21.87%）	71（94.67%）	4（5.33%）

小结

婚姻作为生育的重要基础，加之研究数据所显示的婚姻与生育意愿的高度相关性，本研究中对样本的婚姻选择和婚姻状态进行了较为全面的分析。从数据分析结果可知，当前社会中多数人是乐于接受婚姻的，但拒绝婚姻的人群也已经占据可观的比例。

个体特征、家庭因素和经济因素对于未婚群体的婚姻选择影响均较为明显。相关性较强的影响因素包括：受教育程度、性别、户口类型、年龄、职业、工作状态；是否为独生子女、父母关系；家庭房产情况和每月可支配收入。

从个体特征因素来看，受教育程度越高的群体拒绝结婚的比例越高；女性拒绝婚姻的比例明显高于男性；城市户口未婚群体更倾向于不婚；年龄越低的群体拒绝结婚的比例越高；体制内工作群体拒绝结婚的比例高于其他职业类型群体；工作越忙碌的群体不打算结婚的比例越高，工作稳定性越高的群体不打算结婚的比例越高。

从家庭因素来看，未婚样本中，独生子女群体"不打算结婚"的比例高于非独生子女群体，父母关系和谐程度越高的群体愿意结婚的比例也越高。

从经济因素来看，自有产权住房数量越多的群体越期待结婚，每月可支配收入较高的群体期待结婚的比例也较高。

对于已婚群体，婚姻和谐情况受个人特征影响不明显，受家庭因素和经济因素的影响更为明显。独生子女"婚姻不和谐"的比例高于非独生子女群体；父母关系和谐程度与样本婚姻和谐程度呈正相关；自有产权住房数量越多的群体婚姻和谐的比例越高；每月可支配收入较高的群体婚姻和谐的比例也较高。

第四章 当前社会生育意愿现状

一、对是否生育的选择

1. 是否愿意生孩子

从已有研究的结论和研究者所了解的社会现实来看，当前社会人们的生育意愿总体上不强，拒绝生育的群体占有越来越大的比例。从调研数据结果来看，446 个样本中具有生育意愿即表示愿意生孩子的样本共 249 人，占到样本总数的 55.83%，与不具生育意愿的样本比例相比稍占优势。

交叉分析的结果显示（表 4.1），具有生育意愿的样本中有 132 人是已经生育孩子的，占据有生育意愿样本（249）的 53.01%。而尚未生育的总共 186 个样本中，具有生育意愿的占到 62.90%，也就是说调查中尚未生育的群体中有 1/3 以上（37.10%）的人是不愿意生育孩子的。

值得注意的是，在已拥有孩子的样本中，对"是否愿意生孩子"的问题给出否定答案的也占到了较大的比例。考虑到调查对象对题目理解偏颇（可能有部分调查对象理解为在已有孩子的基础上继续生孩子），该数据不作为解释已生育人群最初（生育前）生育意愿的依据，但至少可以说明，部分已生育群体原本是不具生育意愿的，或者说，不具生育意愿的群体在某些因素的影响下也会具有生育行为。那么，如何促使不具生育意愿的群体产生生育行为则成为促进人口生育率的途径之一。

表 4.1　是否愿意生孩子与已拥有孩子数量交叉分析

已拥有孩子数量	愿意生孩子	不愿意生孩子	小计
1 个	83（49.11%）	86（50.89%）	169
2 个	47（54.65%）	39（45.35%）	86
3 个	1（33.33%）	2（66.67%）	3
4 个及以上	1（50.00%）	1（50.00%）	2
没有孩子	117（62.90%）	69（37.10%）	186

2. 不愿意生育的原因

从不愿意生孩子的样本群体对其拒绝生育的原因的选择来看，占比最高的3个因素为"养育成本太高""时间精力限制"和"年龄太大"，其次为"无人照顾""不愿承担生育风险"和"自己还没活明白，不知道如何养育孩子"（表4.2）。可见，人们不愿意生育大多是由于客观因素对生育和养育子女的限制，主观不愿意生育的较少。

表 4.2　不愿意生育原因统计

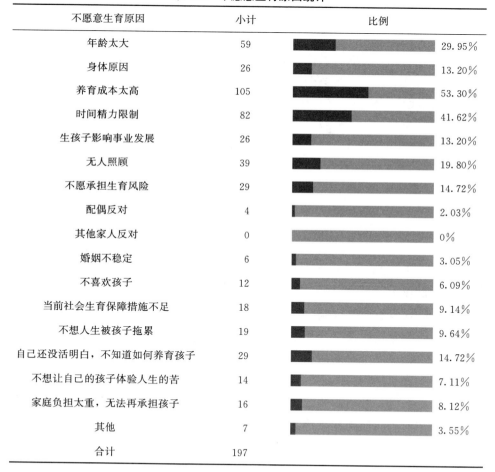

不愿意生育原因	小计	比例
年龄太大	59	29.95%
身体原因	26	13.20%
养育成本太高	105	53.30%
时间精力限制	82	41.62%
生孩子影响事业发展	26	13.20%
无人照顾	39	19.80%
不愿承担生育风险	29	14.72%
配偶反对	4	2.03%
其他家人反对	0	0%
婚姻不稳定	6	3.05%
不喜欢孩子	12	6.09%
当前社会生育保障措施不足	18	9.14%
不想人生被孩子拖累	19	9.64%
自己还没活明白，不知道如何养育孩子	29	14.72%
不想让自己的孩子体验人生的苦	14	7.11%
家庭负担太重，无法再承担孩子	16	8.12%
其他	7	3.55%
合计	197	

二、理想的子女数量

1979—2013年，34年的"独生子女"计划生育政策让中国的大多数人习惯了一个核心家庭只有一个孩子的家庭状态，"1 对父母＋1 个子女"的家庭组合成为习以为常并被高度接受的社会常态。这样的状态虽然在计划生育政策执行初期遭到了强烈抵制，但随着政策执行期的延长、人们认知的变化和生活水平的提高以及养育成本的上升，除去具有特殊需求的群体，社会上更多的人实际上是认可并享受这种常态的。除去计划生育政策的影响，人们也不再像改革开放前、中华人民共和国成立初期甚至更早时期那样，在人多力量大、多子多福、养儿防老、传宗接代等传统观念影响下，以及一些客观因素如多分粮食、国家号召等的推动下尽量生育更多子女，而是越来越理性地进行生育决策。

本研究了解了"不考虑政策影响"的情况下被调查者的理想子女数量，从调研数据结果来看，2 个孩子以内是绝大多数人的选择，而 2 个孩子为最多人偏好。问卷设计中，该问题仅限于选择"愿意生孩子"的群体，因此回答该问题的样本量为 249（表 4.3）。

表 4.3　不考虑政策影响的理想子女数量

	1 个	2 个	3 个	4 个及以上	合计
人数	72	153	17	7	249
比例	28.92%	61.45%	6.83%	2.81%	100%

表 4.3 中数据为"不考虑政策影响"的理想子女数量状态，期望生育 3 个孩子的比例仅占 6.83%，而期望生育 4 个及以上孩子的还不到 3% 的比例。也就是说，即便没有政策限制，绝大多数（超过 90%）愿意生育孩子的人的主观理想状态都是仅生育 2 个甚至 1 个孩子，再面临家庭和社会的各种客观因素的影响，真正愿意生育的人数只可能更少。对 446 个样本进行整体计算，样本理想的子女数量平均为 1.02 个。

那么，在考虑政策影响的情况下，"三孩"政策的实施又能带来多大的效应？随政策所采取的配套支持措施又能在多大程度上发挥作用，提升人们理想状态的生育数量？都是今后生育政策进一步实施需要考虑的因素。

三、生育性别偏好

生育性别偏好贯穿于我国几千年来的历史，更多的是对男性后代的偏好。受姓氏传承、代际传递的传统文化的影响，加之婚嫁形式中女子外嫁、体力劳动中的男性优势等因素的影响，即便社会发展至今，上述生育性别偏好依然存在。而且，由于养育成本差异以及人们价值观的变化，另外一种性别偏好，即女孩偏好，在生育期待中又逐渐被强化。甚至当前社会上出现了所谓的"子女性别鄙视链"，以拥有 1～2 个孩子的家庭为基础，将家庭拥有子女性别情况作为家庭幸福状态排列的关键因素，拥有女孩数量越多幸福程度越高，拥有男孩数量越多则幸福程度越低（图 4.1）。受传统认知和当前养育成本的影响，由于部分人认为女孩更为乖巧懂事，养育过程中所花费的时间、精力成本较低，甚至于婚嫁中所需成本较低等因素，导致越来越多的家庭在生育或再生育中偏好女孩。

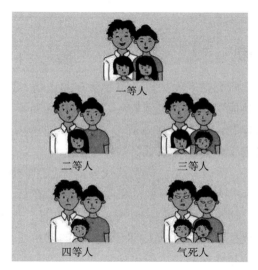

图 4.1　当前社会出现的子女性别鄙视链

资料来源：https：//www.jianshu.com/p/7c7fe4cfef61.

　　根据本研究问卷调查，多数样本是存在性别偏好的，不在意生育孩子性别的仅占 18.07%。与上述社会流行的鄙视链情况有所不同，具有生育意愿的249 人中，46.99% 的人期待孩子性别是"1 儿 1 女"。受传统"儿女双全"观念的影响，以及人们对于差异化的偏好等因素导致期待拥有两个不同性别孩子的人数总体上占了主流。

　　从其他数据分布情况来看，期待拥有"至少 1 个女儿"和"2 个以上女儿"的人数都明显高于期待拥有"至少 1 个儿子"和"2 个以上儿子"的人数。也就是说，男性偏好的生育观念明显发生改变了（表 4.4）。

表 4.4　生育性别期望

生育性别期望	小计	比例	
至少 1 个儿子	24		9.64%
至少 1 个女儿	37		14.86%
1 儿 1 女	117		46.99%
2 个以上儿子	4		1.61%
2 个以上女儿	8		3.21%
不同性别的更多孩子	14		5.62%
不在意性别	45		18.07%
本题有效填写人次	249		

四、生育动机

针对生育动机，研究在问卷中设计了尽量多的选项，虽然可能还是不能穷尽，但鉴于选择"其他"的样本比例较小，姑且认为所设置选项具有代表性。题目设置为多项选择题，并且最多选择 3 项，以帮助确定最重要的选项。同样，此项分析只限定于"愿意生孩子"的样本。

从选择情况来看，养儿防老、传宗接代等传统思想的影响依然存在，但选择比例并不高。更多的人生育孩子的动机是基于个人需要，主要是满足个人喜好或者人生的完整，还有 1/3 的调查对象生育动机是"体验更精彩的人生"。无论如何，从样本数据可以看出，人们生育孩子的动机更为纯粹，"孩子"这一家庭产品获取的功能性在弱化。值得注意的是，"已婚但婚姻不和谐"的样本在生育动机中选择"为了维系夫妻关系"的比例为"0"，一定程度上说明，人们的生育行为是具有理性的（表 4.5）。

同时也可以看出，"响应国家政策号召"的选择比例较小，可见政策调整对于促进生育的作用并不大。

表 4.5　样本生育动机统计

生育动机	数量	比例	
喜欢孩子	142		57.03%
认为有孩子的人生才是完整的	128		51.41%
为了维系夫妻关系	26		10.44%
满足配偶或长辈的要求	42		16.87%

（续）

生育动机	数量	比例
为了将来养老	30	12.05%
传宗接代的需要	28	11.24%
随大流，不想成为异类	11	4.42%
响应国家政策号召	15	6.02%
体验更精彩的人生	77	30.92%
其他原因	9	3.61%
合计	249	

五、已生育群体再生育意愿

1. 是否愿意再生育

从样本特征统计数据可知，调查样本中绝大部分人现实中尚未实现孩子数量方面的理想。其中，已有孩子数量为"1个"的样本中有58.33%的人尚未实现理想；理想孩子数量为"2个"的样本中74.51%的人已有孩子数量不足"2个"；理想孩子数量为"3个"的样本中理想孩子数量尚未实现的比例达到100%；理想孩子数量为"4个"的样本中实现理想的为14.29%。那么，在这一情况下，人们再生育的意愿如何？

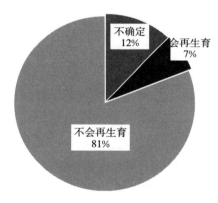

图4.2　已生育样本再生育选择

从图4.2数据分布可以看出，已生育样本中大部分群体选择"不会再生育"，愿意再生育的比例仅占7%，可见当前人们的再生育意愿并不强烈。

2. 不愿意再生育的原因

分析人们拒绝再生育的原因，与前面所分析的不愿意生育人群的原因选择类似，多集中于"养育成本太高""时间精力限制"和"年龄太大"3项，其次为身体原因、缺乏照料和家庭负担过重等原因（表4.6）。

表 4.6　已生育样本不愿意再生育的原因统计

不愿意再生育的原因	小计	比例	
年龄太大	132		38.26%
身体不能承受	74		21.45%
养育成本太高	183		53.04%
时间精力限制	165		47.83%
影响事业发展	44		12.75%
无人照顾	59		17.10%
不愿意承受生育风险	42		12.17%
已有的孩子反对再生	3		0.87%
配偶不同意再生	7		2.03%
婚姻不稳定	5		1.45%
已有养育经历的打击	8		2.32%
社会保障不足	34		9.86%
家庭负担过重	59		17.10%
担心影响对已有孩子的投入和照顾	19		5.51%
其他	14		4.06%
合计	345		

注：最多选 3 项，因此合计数量大于实际已生育样本数量。

小结

当前社会人们总体生育意愿不强，整体上愿意生育的比例稍高于一半，已生育人群愿意再生育的比例仅为 7%。而人们不愿意生育的主要原因首先是子女养育的成本问题，包括经济成本和时间精力的投入；其次为个人年龄、身体方面的限制。样本平均理想子女数量仅为 1.02 个，未婚样本平均理想子女数量为 1.73 个。在性别偏好方面，期待"1 儿 1 女"的儿女双全子女状态是人们对子女性别期待的主流，同时对女儿偏好的情况也较为明显。从生育动机方面来看，当前人们生育的主要动机是满足个人需要，传统的功能性动机已不占主流。

第五章 个人特征形成的生育意愿差异性分析

研究对样本的基本情况进行了调查，问卷中涉及了性别、年龄、职业、户口类型、教育程度等个人特征信息、家庭信息以及经济信息。依据上述信息对样本进行分类，分析不同类型群体的生育意愿差异，从而发现与生育意愿相关的重点因素。

一、不同性别群体的生育意愿差异

研究样本中的性别比例为 1：1.8（男性 157 人，女性 289 人），由于客观因素影响，无法做到概率抽样，女性样本偏多。依据问卷统计数据，不同性别群体在婚姻选择和生育意愿选择上均具有明显差异。

性别与生育意愿

（1）不同性别群体的生育选择

与婚姻选择的情况一致，在生育选择方面，选择"不愿意生孩子"的女性比例同样明显高于男性。总共 289 个女性样本中，"愿意生孩子"的不到一半。即便样本代表性不是最优，但也无法忽视当前女性群体在对待婚姻和生育上的多样性选择，侧面说明了女性独立性的增强和较强的自我意识（表 5.1）。

表 5.1　不同性别群体的生育选择统计

性别	愿意生孩子	不愿意生孩子	小计
男	105（66.88%）	52（33.12%）	157
女	144（49.83%）	145（50.17%）	289

作为生育的主体，女性的选择是影响生育水平的主要因素。女性的认知和价值观是影响其生育选择的最重要的主观因素。由于社会发展水平的进步、女性在经济上的独立、社会性别与发展的相关理论与实践的主流化等各个范畴因素的影响，女性的社会地位和家庭地位都在不断提高，相应的，女性对于自身的认知，对于婚姻、家庭、生育的认知与传统社会时期相比都产生了巨大差

异，认知的变化导致价值观改变，家庭和生育都不再是涵盖全部女性价值的体现，因此，在婚姻和生育的选择上，不同类型的女性也越来越表现出明显的差异性。由于生育行为给女性带来的身体上和事业上相对于男性来说更大的影响，加之女性在经济上的独立性和价值观上的多样化，当今女性在进行生育选择时大多更为理性和谨慎。

对不愿意生育的样本进行原因分析也发现，更大比例的女性认为"生孩子影响事业发展"和"不愿承担生育风险"，而男性关注"养育成本太高"的比例更高（表5.2）。

表 5.2　不同性别群体不愿意生孩子的原因统计

原　　因	男		女	
	数量	比例	数量	比例
年龄太大	19	36.54%	40	27.59%
身体原因	6	11.54%	20	13.79%
养育成本太高	30	57.69%	75	51.72%
时间精力限制	26	50.00%	56	38.62%
生孩子影响事业发展	3	5.77%	23	15.86%
无人照顾	15	28.85%	24	16.55%
不愿承担生育风险	2	3.85%	27	18.62%
配偶反对	4	7.69%	0	0%
婚姻不稳定	0	0%	6	4.14%
不喜欢孩子	2	3.85%	10	6.90%
当前社会生育保障措施不足	4	7.69%	14	9.66%
不想人生被孩子拖累	3	5.77%	16	11.03%
自己还没活明白，不知道如何养育孩子	0	0%	29	20.00%
不想让自己的孩子体验人生的苦	4	7.69%	10	6.90%
家庭负担太重，无法再负担孩子	6	11.54%	10	6.90%
其他	4	7.69%	3	2.07%
合计	52		145	

对于已生育人群，研究设计了是否愿意再生育的问题。总体上，样本愿意再生育的比例不高。已经生育1个孩子的样本中，男性群体拒绝再生育的比例达到2/3，愿意再生育的比例仅为14.03%，还有19.30%的样本表示"不确

定"；女性群体拒绝再生育的比例明显高于男性，高达81.25%，除去"不确定"样本，愿意再生育的比例仅占4.46%。

随着已生育孩子数量的增加，拒绝再生育的样本比例明显上升，其中女性的这一比例仍明显高于男性。已生育2个孩子的样本中，男性和女性拒绝再生育的比例分别为75%和96.77%。愿意生育3胎的男性比例为16.67%，而女性比例为1.61%（表5.3）。

表5.3　不同性别群体再生育意愿统计

性别	愿意再生育	不愿意再生育	不确定	小计
男/1个	8 (14.03%)	38 (66.67%)	11 (19.30%)	57
男/2个	4 (16.67%)	18 (75.00%)	2 (8.33%)	24
男/3个	0 (0%)	1 (100%)	0 (0%)	1
男/4个及以上	0 (0%)	1 (100%)	0 (0%)	1
女/1个	5 (4.46%)	91 (81.25%)	16 (14.29%)	112
女/2个	1 (1.61%)	60 (96.77%)	1 (1.61%)	62
女/3个	0 (0%)	2 (100%)	0 (0%)	2
女/4个及以上	1 (100%)	0 (0%)	0 (0%)	1

（2）不同性别群体对子女数量的期望

不同性别群体在理想的子女数量方面的选择总体上差异不大。大致表现出男性相对于女性期望生育更多孩子。更大比例女性理想的孩子数量为1～2个。从平均数来看，在愿意生育孩子的样本中，男性平均的理想孩子数量为1.90个，女性平均的理想孩子数量为1.78个。结合表5.1中数据，通过总样本量计算，男性平均理想孩子数量为1.27个，女性平均理想孩子数量为0.89个（表5.4）。

表5.4　愿意生育孩子的不同性别群体理想的子女数量统计

性别	1个	2个	3个	4个及以上	小计
男	28 (26.67%)	64 (60.95%)	8 (7.62%)	5 (4.76%)	105
女	44 (30.56%)	89 (61.81%)	9 (6.25%)	2 (1.39%)	144

（3）不同性别群体对生育性别的期望

不同性别群体对于生育性别的期望差异性同样不大，大致可以看出，男性的性别偏好表现稍显强烈，不在意性别的女性占比更高（表5.5）。

表 5.5　不同性别群体对生育性别的期望

性别	至少 1 个儿子	至少 1 个女儿	1 儿 1 女	2 个以上儿子	2 个以上女儿	不同性别的更多孩子	不在意性别	小计
男	12 (11.43%)	16 (15.24%)	52 (49.52%)	2 (1.90%)	3 (2.86%)	4 (3.81%)	16 (15.24%)	105
女	12 (8.33%)	21 (14.58%)	65 (45.14%)	2 (1.39%)	5 (3.47%)	10 (6.94%)	29 (20.14%)	144

（4）不同性别群体生育动机的差异

不同性别群体生育动机差异相对比较明显。男性对于"认为有孩子的人生才是完整的""为了维系夫妻关系""满足配偶或长辈的要求""传宗接代的需要"等选项的选择比例均明显高于女性，而更大比例的女性选择"体验更精彩的人生"。而对于"喜欢孩子""为了将来养老"的选择相差不大，男性略高于女性（表 5.6）。总体而言，在生育动机方面，可以看出男性相对于女性更为理性，更以孩子的功能性为动机，女性则更感性化。

表 5.6　不同性别群体生育动机统计

生育动机	男		女	
	数量	比例	数量	比例
喜欢孩子	61	58.10%	81	56.25%
认为有孩子的人生才是完整的	64	60.95%	64	44.44%
为了维系夫妻关系	15	14.29%	11	7.64%
满足配偶或长辈的要求	20	19.05%	22	15.28%
为了将来养老	14	13.33%	16	11.11%
传宗接代的需要	18	17.14%	10	6.94%
随大流，不想成为异类	3	2.86%	8	5.56%
响应国家政策号召	7	6.67%	8	5.56%
体验更精彩的人生	22	20.95%	55	38.19%
其他原因	3	2.86%	6	4.17%
合计	105		144	

二、不同年龄段群体的生育意愿差异

年龄是另一个影响生育的重要因素，而且是不可改变的因素。虽然高龄生育现象愈发普遍，但因年龄原因不生育或难生育的情况同样普遍存在。问卷设计中按照 5 岁一个阶段对年龄进行划分，研究中将 35 岁及以下的群体定义为较低年龄群体，将 36 岁及以上群体定义为较高年龄群体。

1. 年龄与生育选择

从样本年龄分布来看，各年龄段样本量大致均衡，特别是 20 岁以上、46 岁以下群体，作为生育的主力军，各年龄段样本量都不存在过少的情况，基本能够满足分析需要。

对于"是否愿意生孩子"的选择，按照年龄分布存在明显的规律性，除了 20 岁及以下年龄段，21～46 岁及以上共 6 个年龄阶段表现出年龄越大愿意生育的比例越低的规律，特别是 36 岁以上群体，愿意生育的比例随年龄段上升而下降的趋势尤为明显。46 岁及以上群体愿意生育的比例仅占 43.28%，比 41～45 岁群体低了 7.34 个百分点，比 21～25 岁群体则低了 20 个百分点以上。

而对于不愿意生育的原因的选择，表现出大致相同的规律，41～45 岁群体中选择因为"年龄太大"不愿生孩子的占 52.5%，而 46 岁及以上群体的比例为 78.95%。可见，年龄成为影响高龄群体生育意愿的重要因素。同时，20 岁及以下群体表现出较高比例（41.94%），不愿意生育的比例数据意味着未来社会不育人口比例将会继续上升（表 5.7）。

表 5.7　不同年龄段群体"是否愿意生孩子"

年龄段	是	否	小计
20 岁及以下	18 (58.06%)	13 (41.94%)	31
21～25 岁	54 (64.29%)	30 (35.71%)	84
26～30 岁	32 (60.38%)	21 (39.62%)	53
31～35 岁	42 (60.00%)	28 (40.00%)	70
36～40 岁	33 (55.00%)	27 (45.00%)	60
41～45 岁	41 (50.62%)	40 (49.38%)	81
46 岁及以上	29 (43.28%)	38 (56.72%)	67

2. 年龄与理想孩子数量

通过上述分析发现，年龄成为高龄群体生育的严重阻碍。在"理想的孩子数量"方面，除了 20 岁及以下群体的选择数据，在 21～46 岁及以上群体中较为明显的数据规律是，理想数量为 1 个的比例随着年龄段的上升而下降。理想数量为 2 个和 3 个的各年龄段人群的比例并未表现出明显规律，但 41～45 岁和 46 岁及以上两个年龄段人群对于"2 个"的选择比例明显是最高的，特别是 46 岁及以上人群，达到 72.41％。而且，比较明显的数据特征是，较高年龄段群体（36 岁及以上）对于"3 个"和"4 个及以上"的选择比例基本上高于较低年龄段群体（35 岁及以下）。

也就是说，虽然年龄成为较高年龄群体生育的阻碍因素，但相对于较低年龄群体而言，较高年龄群体基本上是期待拥有更多孩子的。在年龄、已拥有孩子数量和是否会再生育孩子的交叉分析表（附录二）中，也可以明显看出，已拥有 1～2 个孩子的较高年龄群体选择再生育的比例高于同等情况下的较低年龄群体（表 5.8）。

表 5.8　不同年龄段群体理想孩子数量统计

年龄段	1 个	2 个	3 个	4 个及以上	小计
20 岁及以下	5（27.78％）	12（66.67％）	0（0％）	1（5.55％）	18
21～25 岁	20（37.04％）	32（59.26％）	2（3.70％）	0（0％）	54
26～30 岁	14（43.75％）	17（53.13％）	1（3.13％）	0（0％）	32
31～35 岁	13（30.95％）	28（66.67％）	1（2.38％）	0（0％）	42
36～40 岁	10（30.30％）	15（45.45％）	7（21.21％）	1（3.03％）	33
41～45 岁	6（14.63％）	28（68.29％）	4（9.76％）	3（7.32％）	41
46 岁及以上	4（13.79％）	21（72.41％）	2（6.90％）	2（6.90％）	29

根据研究者的经验和社会观察，形成上述现象的原因可能包括三个方面：

第一，不同年龄段人群对于家庭、后代的认知造成了价值观上的差异。较低年龄群体更为关注自身的感受，如自由、轻松、快乐等，因此相对来说更加不愿意接受来自家庭、孩子的压力和束缚；而较高年龄群体则由于成长的年代以及在这一年代中所接受教育及家庭和社会的影响，责任感相对更强，对于家庭、后代更为看重，因此也更愿意承担家庭和孩子所带来的压力。

第二，由于工作时间更长，资历、职位更高等原因，较高年龄群体的家庭资产和收入情况大多优于较低年龄群体，因此更能承担较多孩子的养育。

第三，由于不同时期就业机会和就业压力的变化，较高年龄群体在工作的稳定性上大多优于较低年龄群体，因此相对具有更多的时间精力养育孩子。较低年龄群体则相对面临更大的就业压力和业内竞争压力，生育更多孩子对事业带来影响的可能性更大。

3. 年龄与生育性别偏好

在生育性别偏好方面，20 岁及以下群体的数据表现较为突出，对于"至少 1 个儿子"的选择比例是最高的，同时选择"1 儿 1 女"的比例也较高，仅低于 41～45 岁群体，而选择"不在意性别"的比例仅占 5.56%。整体数据特征表现为，最低和最高的两个年龄段群体相对更具有生育性别偏好，中间年龄段群体则更多不在意生育性别。

分析原因的话，应该与年轻群体个性较强、喜好鲜明有关，因为 20 岁及以下群体出生于 2000 年之后，本研究中的此类样本大多为在校大学生，家庭状况较好，生存压力较小，选择与决策更多以个体兴趣和喜好为依据。而 46 岁及以上群体可能是已经拥有孩子的比例较高，而且孩子年龄相对更大，表现出较强的性别特征，使之对不同性别孩子的特征更为了解，所以增强了性别偏好（表 5.9）。

表 5.9 不同年龄段群体生育性别偏好统计

年龄段	至少 1 个儿子	至少 1 个女儿	1 儿 1 女	2 个以上儿子	2 个以上女儿	不同性别的更多孩子	不在意性别	小计
20 岁及以下	5 (27.78%)	1 (5.56%)	10 (55.56%)	0 (0%)	0 (0%)	1 (5.56%)	1 (5.56%)	18
21～25 岁	8 (14.81%)	10 (18.52%)	23 (42.59%)	0 (0%)	0 (0%)	2 (3.70%)	11 (20.37%)	54
26～30 岁	2 (6.25%)	8 (25.00%)	11 (34.38%)	0 (0%)	3 (9.38%)	1 (3.13%)	7 (21.88%)	32
31～35 岁	4 (9.52%)	7 (16.67%)	20 (47.62%)	0 (0%)	0 (0%)	0 (0%)	11 (26.19%)	42
36～40 岁	2 (6.06%)	6 (18.18%)	14 (42.42%)	1 (3.03%)	1 (3.03%)	1 (3.03%)	8 (24.24%)	33
41～45 岁	1 (2.44%)	5 (12.20%)	23 (56.10%)	2 (4.88%)	3 (7.32%)	4 (9.76%)	3 (7.32%)	41
46 岁及以上	2 (6.90%)	0 (0%)	16 (55.17%)	1 (3.45%)	1 (3.45%)	5 (17.24%)	4 (13.79%)	29

4. 年龄与生育动机

在前面的分析中，调查样本的生育动机集中在"喜欢孩子""认为有孩子的人生才是完整的"和"体验更精彩的人生"三个方面。将"年龄"与"生育孩子的动机"进行交叉分析后的数据显示，所有年龄段数据都基本表现出与总样本数据大致一致的特征。对于"喜欢孩子"选项，46岁及以上群体是选择比例最高的，达到72.41%，其次是41~45岁群体（68.29%），而选择比例最低的是36~40岁群体（45.45%），然后是26~30岁群体（46.88%），可以理解为，40岁以上群体在事业相对稳定、生活相对安逸的境况下，孩子养育成为其重要的生活乐趣和实现人生成就感的主要来源；而36~40岁群体虽然经历了一段时期的事业打拼，但尚未达到最为稳定的状态，面临的压力和为了生活和事业所需考虑的问题相对更多，时间精力有限，经济基础有限，多重因素影响其对于"孩子"这一家庭产品的喜好程度。而26~30岁群体的这一特征更为突出。

处于中间的31~35岁群体"喜欢孩子"的比例（54.76%）高于26~30岁和36~40岁群体，其人生阶段与相邻两个群体相比应该具有类似性，之所以会表现出这样的数据结果，很可能是由于这一部分样本的受教育水平是除了46岁及以上群体之外最低的，且其中"已婚并夫妻感情和谐"的比例高于26~30岁群体。受教育水平相对较低意味着职业类型的差异和价值观的不同。相对于高技术水平或高脑力要求的职业类型，低要求职业的从业者虽然能够获取的经济收益和其他待遇更低，但其竞争压力和因工作所耗费的精力也相对较低，而且在其价值观中，家庭、事业的重要程度也会有所差异，也是造成这一群体中相对于相邻群体更多人"喜欢孩子"的原因之一。

对于其他的选项，选择"体验更精彩的人生"的比例最高的是26~30岁（46.88%）和20岁及以下群体（44.44%）。这一结果比较符合其年龄特征，个性鲜明、注重个人感受，生育孩子为了体验一种未曾有过的经历，让人生更丰富精彩。

20岁及以下群体选择"传宗接代的需要"的比例是几个年龄段中最高的。这一部分样本来源于农村地区的比例（41.94%）是除了46岁及以上群体之外最高的，可能受到传统生育观念影响的程度相对较大。而选择"为了将来养老"作为生育动机的比例最高的是26~30岁群体（21.88%）。这部分群体的职业有将近一半（49.06%）是公务员、事业单位员工或央企员工，工作稳定所占比例较高。其学历也是相对较高的，本科以上学历占到98.11%，其中52.83%为硕士或博士研究生学历。在这种情况下，以养老为动机的生育选择高于其他年龄段，可能与他们的婚姻状态或成长环境有关。这一年龄段群体一

表 5.10 不同年龄段群体生育动机统计

年龄段	喜欢孩子	认为有孩子的人生才是完整的人生	为了维系夫妻关系	满足配偶或长辈的要求	为了将来养老	传宗接代的需要	随大流，不想成为异类	响应国家政策号召	体验更精彩的人生	其他原因	小计
20岁及以下	11 (61.11%)	11 (61.11%)	4 (22.22%)	1 (5.56%)	1 (5.56%)	5 (27.78%)	1 (5.56%)	0 (0%)	8 (44.44%)	0 (0%)	18
21~25岁	29 (53.70%)	24 (44.44%)	6 (11.11%)	15 (27.78%)	8 (14.81%)	5 (9.26%)	1 (1.85%)	3 (5.56%)	14 (25.93%)	3 (5.56%)	54
26~30岁	15 (46.88%)	12 (37.50%)	4 (12.50%)	6 (18.75%)	7 (21.88%)	4 (12.50%)	3 (9.38%)	2 (6.25%)	15 (46.88%)	1 (3.13%)	32
31~35岁	23 (54.76%)	20 (47.62%)	6 (14.29%)	7 (16.67%)	4 (9.52%)	2 (4.76%)	4 (9.52%)	2 (4.76%)	14 (33.33%)	2 (4.76%)	42
36~40岁	15 (45.45%)	20 (60.61%)	4 (12.12%)	6 (18.18%)	3 (9.09%)	6 (18.18%)	1 (3.03%)	3 (9.09%)	8 (24.24%)	1 (3.03%)	33
41~45岁	28 (68.29%)	27 (65.85%)	2 (4.88%)	7 (17.07%)	2 (4.88%)	1 (2.44%)	0 (0%)	2 (4.88%)	9 (21.95%)	2 (4.88%)	41
46岁及以上	21 (72.41%)	14 (48.28%)	0 (0%)	0 (0%)	5 (17.24%)	5 (17.24%)	1 (3.45%)	3 (10.34%)	9 (31.03%)	0 (0%)	29

半以上（62.26％）还没有结婚，生活状态尚未稳定。同时，这一年龄段样本也有相对较大比例（28.30％）来源于农村，因此可能会受到传统"养儿防老"观念影响比城市群体要大一些。上述因素可能造成这一年龄段人群中相对较大比例的养老生育动机。

另外，还有两个值得关注的数据：一个是 21～25 岁群体有较大比例（27.78％）的生育动机是"满足配偶或长辈的要求"；另一个是 46 岁及以上群体选择"响应政府号召"为生育动机的比例是最高的，达到 10.34％。21～25 岁群体中一半以上（51.19％）都是在校学生，92.86％还尚未进入婚姻，绝大多数（97.22％）还没有生育子女，其对生育的理解并不全面，生育动机的选择可能也存在随意性（表 5.10）。

三、不同受教育程度群体生育意愿差异

受教育程度很大程度上与职业、收入相关，而且影响到人们对事物的认知和价值观。因此，本研究区分了样本的受教育程度，并分析了不同受教育程度群体的生育意愿情况。

1. 受教育程度与生育选择

从是否愿意生育的数据统计来看，本科以上高学历群体的生育意愿明显高于本科以下的学历群体。硕士研究生群体愿意生育孩子的比例是最高的，达到 62.37％，博士研究生群体次之（60.00％），然后是本科群体（58.21％）。而初中及以下、高中、大专学历群体对生育持肯定态度的比例均低于 40％，且在这三类学历群体内部表现出随学历上升愿意生育人群比例下降的规律。

与职业类型做交叉分析发现，职业类型与受教育程度相关性较强，高学历群体中大部分都处于相对稳定或较高收入的职业类型中。本科学历中，职业类型为公务员、事业单位员工、央企员工、私企员工和外企员工的比例为 54.25％，同时还有 29.85％为学生，将来进入相对稳定和高收入职业的可能性较大。硕士和博士学位群体处于上述 4 类职业的占比更高，分别达到 74.55％和 85％，再加上各类型群体中学生所占比例，已处于稳定和较高收入职业和将来极有可能进入此类职业的比例分别达到 85.45％和 96.67％。因此，从事职业或将来可能从事职业的优势应该是造成高学历群体生育意愿高于低学历群体的重要原因之一。

而较低学历群体中，处于优势职业的比例相对要低得多。虽然大专学历群体处于上述 4 类优势职业的比例达到 57.9％，但由于学历因素，其在职业中

的职位和待遇相对于高学历群体来说较低，稳定性也相对较低。而初中和高中学历群体主要为务农人员以及其他几类相对稳定性和待遇均较低的职业类型从业人员，因而他们能够为子女养育提供的资源和环境较差，生育意愿相对也较低。同时，初中及以下学历群体多数（65.79%）为务农人员，加之其受传统思想影响相对较大以及认知的局限性，生育意愿在三类低学历群体中又相对最高。而大专学历群体由于其受教育情况相对另外两类群体要高，加之职业影响，其社会认知的高度和宽度超过另两类低学历群体，其对于生存条件的要求也更高，工作竞争压力也更大，很可能是上述原因导致了他们成为三类较低学历群体中生育意愿最弱的（表5.11）。

表 5.11　不同受教育程度群体的生育选择

受教育程度	愿意生孩子	不愿意生孩子	小计
初中及以下	15（39.47%）	23（60.53%）	38
高中（中专、职高、技校）	6（33.33%）	12（66.67%）	18
大专	6（31.58%）	13（68.42%）	19
本科	117（58.21%）	84（41.79%）	201
硕士	69（62.73%）	41（37.27%）	110
博士	36（60.00%）	24（40.00%）	60

综上分析，受教育程度对于生育选择的影响最终在很大程度上还是由与受教育程度高度相关的职业类型导致的。

2. 受教育程度与理想孩子数量

理想孩子数量的统计仅限于生育选择中"愿意生孩子"的群体，因此样本数量总体上较小（249）。从数据分布情况来看，较高学历群体更倾向于拥有更多孩子。本科和硕士学位群体的选择类似，硕士学位群体中比本科群体中理想孩子数量在3个以上的占比更高。本科和硕士学位群体理想孩子数量的选择较为多样化。

较低学历群体中，与生育选择的数据分布情况类似，大专学历群体理想中拥有较多孩子的占比最少，选择主要集中在"1个"和"2个"孩子（表5.12）。

选择生育孩子和选择生育更多孩子在原因上有着一定程度的关联，从本研究所呈现的数据来看，应该均受到与受教育程度高度相关的职业类型的影响。

表 5.12　不同受教育程度群体的理想孩子数量

受教育程度	1个	2个	3个	4个及以上	小计
初中及以下	2 (13.33%)	11 (73.33%)	0 (0%)	2 (13.33%)	15
高中 (中专、职高、技校)	1 (16.67%)	5 (83.33%)	0 (0%)	0 (0%)	6
大专	3 (50.00%)	3 (50.00%)	0 (0%)	0 (0%)	6
本科	38 (32.48%)	69 (58.97%)	8 (6.84%)	2 (1.71%)	117
硕士	21 (30.43%)	38 (55.07%)	7 (10.14%)	3 (4.35%)	69
博士	7 (19.44%)	27 (75.00%)	2 (5.56%)	0 (0%)	36

3. 受教育程度与生育性别偏好

生育性别偏好的数据（表 5.13）中，大致表现出较高学历群体更加"不在意性别"的特征。三类较高学历群体中，明显呈现出学历越高"不在意性别"样本比例越高的趋势。大专学历群体"不在意性别"的比例为 50%，虽然由于总样本量较少（仅 6 人），样本代表性不充分，但至少此项选择比例明显超过另外两个相对较低的学历群体的选择比例，因此并未影响数据整体特征。

另外，总体上较高学历群体希望拥有"至少 1 个女儿"的比例明显高于希望拥有"至少 1 个儿子"的比例，但初中及以下学历群体和高中学历群体希望拥有"至少 1 个儿子"的比例均为 0，高中和大专学历群体希望拥有"至少 1 个女儿"的比例均为 0，也就是说，高中学历群体更倾向于拥有"1 儿 1 女"的选择。

表 5.13　不同受教育程度群体的生育性别偏好

受教育程度	至少1个儿子	至少1个女儿	1儿1女	2个以上儿子	2个以上女儿	不同性别的更多孩子	不在意性别	小计
初中及以下	0 (0%)	2 (13.33%)	7 (46.67%)	0 (0%)	1 (6.67%)	4 (26.67%)	1 (6.67%)	15

（续）

受教育程度	至少1个儿子	至少1个女儿	1儿1女	2个以上儿子	2个以上女儿	不同性别的更多孩子	不在意性别	小计
高中（中专、职高、技校）	0 (0%)	0 (0%)	4 (66.67%)	1 (16.67%)	0 (0%)	1 (16.67%)	0 (0%)	6
大专	1 (16.67%)	0 (0%)	1 (16.67%)	1 (16.67%)	0 (0%)	0 (0%)	3 (50.00%)	6
本科	15 (12.82%)	19 (16.24%)	54 (46.15%)	2 (1.71%)	6 (5.13%)	4 (3.42%)	17 (14.53%)	117
硕士	7 (10.14%)	13 (18.84%)	28 (40.58%)	0 (0%)	1 (1.45%)	5 (7.25%)	15 (21.74%)	69
博士	1 (2.78%)	3 (8.33%)	23 (63.89%)	0 (0%)	0 (0%)	0 (0%)	9 (25.00%)	36

4. 受教育程度与生育动机

不同受教育程度群体的生育动机数据（表5.14）表现出，博士学位群体最"喜欢孩子"，生育动机为"喜欢孩子"的比例占到72.22%。初中及以下学历群体更为注重养儿防老和传宗接代，"为了将来养老"和满足"传宗接代的需要"两项动机的选择比例与其他学历类型相比均为最高。较低学历群体对国家政策号召响应度更高，对"响应国家政策号召"的选择比例明显高于较高学历群体。而较高学历群体相对于较低学历群体则更为注重"体验更精彩的人生"。

四、户口类型和生活区域对生育意愿的影响分析

1. 不同户口类型群体生育意愿差异

（1）户口类型与生育选择

城市户口与农村户口人群在生育选择上的差异性不大，从数据来看，城市户口人群"愿意生孩子"的比例略高于农村户口人群，考虑到样本量差距和样本代表性问题，户口类型对于人们是否愿意生孩子的影响不大（表5.15）。

表 5.14 不同受教育程度群体的生育动机

受教育程度	喜欢孩子	认为有孩子的人生才完整	为了维系夫妻关系	满足配偶或长辈的要求	为了将来养老	传宗接代的需要	随大流，不想成为异类	响应国家政策号召	体验更精彩的人生	其他原因	小计
初中及以下	6 (40.00%)	6 (40.00%)	1 (6.67%)	1 (6.67%)	5 (33.33%)	2 (13.33%)	2 (13.33%)	3 (20.00%)	3 (20.00%)	0 (0%)	15
高中（中专、职高、技校）	4 (66.67%)	3 (50.00%)	0 (0%)	0 (0%)	0 (0%)	1 (16.67%)	0 (0%)	2 (33.33%)	0 (0%)	0 (0%)	6
大专	4 (66.67%)	2 (33.33%)	0 (0%)	1 (16.67%)	0 (0%)	0 (0%)	0 (0%)	2 (33.33%)	1 (16.67%)	0 (0%)	6
本科	62 (52.99%)	63 (53.85%)	18 (15.38%)	25 (21.37%)	12 (10.26%)	14 (11.97%)	3 (2.56%)	0 (0%)	40 (34.19%)	5 (4.27%)	117
硕士	40 (57.97%)	28 (40.58%)	4 (5.80%)	11 (15.94%)	8 (11.59%)	8 (11.59%)	4 (5.80%)	5 (7.25%)	21 (30.43%)	3 (4.35%)	69
博士	26 (72.22%)	26 (72.22%)	3 (8.33%)	4 (11.11%)	5 (13.89%)	3 (8.33%)	2 (5.56%)	3 (8.33%)	12 (33.33%)	1 (2.78%)	36

表 5.15 不同户口类型群体是否愿意生孩子

户口类型	愿意生孩子	不愿意生孩子	小计
城市户口	183（56.31%）	142（43.69%）	325
农村户口	66（54.55%）	55（45.45%）	121

（2）户口类型与理想孩子数量

两类户口类型人群在理想孩子数量方面的数据差异相对更为明显一些。城市户口人群期待"1个"孩子的比例高于农村户口人群，而农村户口人群期待"2个"孩子的比例明显高于城市户口人群。城市户口人群中理想孩子数量为"3个"的比例明显更高。总的来说，农村户口人群对于独生子女的状态的认可度不高，对于更多孩子的追求也不高，其理想状态更多集中于拥有"2个"孩子。城市户口人群的选择相对更为分散（表5.16）。

表 5.16 不同户口类型群体的理想孩子数量

户口类型	1个	2个	3个	4个及以上	小计
城市户口	56（30.60%）	108（59.02%）	14（7.65%）	5（2.73%）	183
农村户口	16（24.24%）	45（68.18%）	3（4.55%）	2（3.03%）	66

（3）户口类型与生育性别偏好

虽然数据差异性不大（表5.17），但还是可以看出，城市户口群体对女儿的偏好比农村户口群体要强烈，而农村户口群体则更偏好于生儿子。城市户口群体对于"至少1个女儿"和"2个以上女儿"的选择比例均高于农村户口群体；而农村户口群体对于"至少1个儿子"和"2个以上儿子"的选择比例均高于城市户口群体，同时城市户口群体中"不在意性别"的比例也更高。

（4）户口类型与生育动机

不同户口类型群体的生育动机同样存在一定差异（表5.18）。城市户口群体以"喜欢孩子""认为有孩子人生才完整""体验更精彩的人生"等个体需求为动机生育孩子的比例均高于农村户口群体。农村户口群体中，持有"满足配偶或长辈的要求""传宗接代的需要"等传统的功能性生育动机的比例均高于城市户口人群。同时，农村户口群体明显更愿意"响应国家政策号召"。可见，农村户口群体生育动机受传统观念和外在因素影响更大。

表 5.17 不同户口类型群体生育性别偏好

户口类型	至少1个儿子	至少1个女儿	1儿1女	2个以上儿子	2个以上女儿	不同性别的更多孩子	不在意性别	小计
城市户口	17 (9.29%)	29 (15.85%)	87 (47.54%)	1 (0.55%)	7 (3.83%)	6 (3.28%)	36 (19.67%)	183
农村户口	7 (10.61%)	8 (12.12%)	30 (45.45%)	3 (4.55%)	1 (1.52%)	8 (12.12%)	9 (13.64%)	66

表 5.18 不同户口类型群体生育动机

户口类型	喜欢孩子	认为有孩子人生才完整	为了维系夫妻关系	满足配偶或长辈的要求	为了将来养老	传宗接代的需要	随大流，不想成为异类	响应国家政策号召	体验更精彩的人生	其他原因	小计
城市户口	107 (58.47%)	98 (53.55%)	20 (10.93%)	28 (15.30%)	23 (12.57%)	19 (10.38%)	5 (2.73%)	8 (4.37%)	64 (34.97%)	6 (3.28%)	183
农村户口	35 (53.03%)	30 (45.45%)	6 (9.09%)	14 (21.21%)	7 (10.61%)	9 (13.64%)	6 (9.09%)	7 (10.61%)	13 (19.70%)	3 (4.55%)	66

2. 生活区域属性对生育意愿的影响

由于普遍的人口流动，单纯用户口类型区分城市和农村人群已经不足以区分其差异，因此，本研究在调研中还对调查对象所生活区域的城乡属性进行了了解，以区分城市和农村生活群体生育意愿的差异。

（1）城市和农村地区群体的生育选择

与户口类型中的数据结果类似，生活在城市地区的群体"愿意生孩子"的比例比生活在农村地区的群体略高，但数据总体上差异不大（表5.19）。

表 5.19　城市和农村地区群体的生育选择

地域	愿意生孩子	不愿意生孩子	小计
城市	193（56.76%）	147（43.24%）	340
农村	56（52.83%）	50（47.17%）	106

（2）城市和农村地区群体的理想孩子数量

按生活区域划分的群体理想孩子数量数据同样与按照户口类型划分的这一数据分布具有较高的一致性。城市地区群体理想状态为"1个"孩子的比例高于农村地区群体，农村地区群体更期待"2个"孩子的状态，城市地区群体更多人期待"3个"孩子（表5.20）。

表 5.20　城市和农村地区群体的理想孩子数量

地域	1个	2个	3个	4个及以上	小计
城市	58（30.05%）	116（60.10%）	15（7.77%）	4（2.07%）	193
农村	14（25.00%）	37（66.07%）	2（3.57%）	3（5.36%）	56

（3）城市和农村地区群体的生育性别偏好

生育性别偏好方面，生活在城市地区和生活在农村地区的群体所表现出来的差异性明显不同于户口类型所划分的两个类群体。从交叉分析数据（表5.21）可以看出，生活在农村地区的群体对于"至少1个儿子""至少1个女儿""2个以上儿子"和"不同性别的更多孩子"的选择比例均高于生活在城市地区的群体。而城市生活群体"不在意性别"的比例是农村生活群体的将近3倍。也就是说，生活在农村地区的人群在生育子女方面更具性别偏好。之所以与通过户口类型划分的群体的数据结果差异较大，应该是由于农村户口群体中部分人群由于人口流动生活在城市地区，一定程度上受到城市价值观的影

表 5.21 城市和农村地区群体的生育性别偏好

地域	至少1个儿子	至少1个女儿	1儿1女	2个以上儿子	2个以上女儿	不同性别的更多孩子	不在意性别	小计
城市	17 (8.81%)	26 (13.47%)	92 (47.67%)	2 (1.04%)	7 (3.63%)	8 (4.15%)	41 (21.24%)	193
农村	7 (12.50%)	11 (19.64%)	25 (44.64%)	2 (3.57%)	1 (1.79%)	6 (10.71%)	4 (7.14%)	56

表 5.22 城市和农村地区群体的生育动机差异

地域	喜欢孩子	认为有孩子人生才完整	为了维系夫妻关系	满足配偶或长辈的要求	为了将来养老	传宗接代的需要	随大流，不想成为异类	响应国家政策号召	体验更精彩的人生	其他原因	小计
城市	114 (59.07%)	99 (51.30%)	20 (10.36%)	35 (18.13%)	21 (10.88%)	16 (8.29%)	9 (4.66%)	8 (4.15%)	63 (32.64%)	7 (3.63%)	193
农村	28 (50.00%)	29 (51.79%)	6 (10.71%)	7 (12.50%)	9 (16.07%)	12 (21.43%)	2 (3.57%)	7 (12.50%)	14 (25.00%)	2 (3.57%)	56

响。而生活在农村地区的群体绝大部分也是农村户口，是真正受传统观念影响较重的那部分人群。

而农村生活群体对于"至少1个女儿"的选择比例明显高于城市生活群体的原因：一方面是由于几十年的独生子女政策对人们生育性别观念带来的影响，加之女性独立使人们对于女性的认识发生改变；另一方面，根据研究者的经验，部分群体期待生育女儿是由于女儿养育成本较低，特别是成年后的婚嫁成本大大低于儿子。

（4）城市和农村地区群体的生育动机

生育动机差异与按照户口类型划分的两类群体的数据表现类似（表5.22），城市生活群体源于自身需要，因"喜欢孩子""体验更精彩的人生"而选择生育的比例更高。农村生活群体相对更为注重传统的功能性动机，对于"为了将来养老""传宗接代的需要"的选择比例均较高。

五、不同职业类型群体生育意愿差异

职业类型影响着收入水平、工作稳定程度、工作竞争压力、工作忙碌程度等多个方面的情况，最终影响到各类型职业从业者的养育能力、时间精力情况。由于客观环境造成的抽样方法选择的局限性，无法保证样本特征的均衡性。调查样本中的职业分布均衡性较差，一定程度上影响了数据代表性，分析中尽量剔除样本量过少的数据。

1. 不同职业类型群体的生育选择

从各职业类型群体对于"是否愿意生孩子"的答案统计来看，不愿意生孩子的主要集中在外企员工、工人、务农人员、自由职业者等职业类型人员中，人数占比由高到低依次排列。外企员工中不愿意生育的人员比例较高（71.43%），应该与外企工作繁忙、压力较大相关。而另外3个职业类型人员应该与其职业待遇较低和工作稳定性较差，从而导致养育孩子的能力不足和能够塑造的养育环境不够优越相关。

愿意生孩子的人员占比最高的为学生，其次为公务员、事业单位员工和央企员工。学生的社会经历较少，对于家庭和子女生育、养育的认知有限，还没有全面认识到家庭、子女所带来的责任和压力，对于是否生育的决策应该带有一定的盲目性和理想性的成分。公务员、事业单位员工和央企员工愿意生育的比例均达到了将近60%，这类职业人员的工作稳定性较高、职业待遇较好，能够为生育和养育子女提供相对较好的资源和环境（表5.23）。

无业或待业群体愿意生育比例虽然也较高（60.00%），但其样本量过少，不具代表性。

表 5.23 不同职业类型群体"是否愿意生育孩子"的数据统计

职业类型	是	否	小计
务农人员	17（43.59%）	22（56.41%）	39
工人	4（36.36%）	7（63.64%）	11
服务行业打工人员	4（57.14%）	3（42.86%）	7
个体经营者	6（54.55%）	5（45.45%）	11
公务员、事业单位员工	86（59.72%）	58（40.28%）	144
央企员工	22（59.46%）	15（40.54%）	37
私企员工	32（55.17%）	26（44.83%）	58
外企员工	4（28.57%）	10（71.43%）	14
自由职业者	8（47.06%）	9（52.94%）	17
无业或待业人员	3（60.00%）	2（40.00%）	5
其他	13（56.52%）	10（43.48%）	23
学生	50（62.50%）	30（37.50%）	80
公益慈善机构员工	0（0%）	0（0%）	0

2. 不同职业类型群体的理想孩子数量

从样本的总体数据情况来看，理想孩子数量为 2 个的占据绝对的主流地位。所有职业类型中，只有央企员工选择"1 个"孩子的比例高于"2 个"，但比例相差不大，实际上人数只多出 1 人。

理想孩子数量为"3 个"和"4 个及以上"合计比例最高的为个体经营者，无业或待业群体选择"4 个及以上"孩子的比例最高，但这两个类型群体数量较少，代表性有所欠缺。同时，公务员、事业单位员工理想孩子数量为"3 个"或"4 个及以上"的样本数量较多，两个选项的选择占比合计为 11.63%，其中选择"4 个及以上"的占到 3.49%"。看来，更为稳定和优越的职业条件或更为灵活的职业特点是积极的生育意愿和生育更多子女的有效促进因素（表 5.24）。

表 5.24　不同职业类型群体的理想孩子数量

职业类型	1 个	2 个	3 个	4 个及以上	小计
务农人员	5（29.41%）	11（64.71%）	0（0%）	1（5.88%）	17
工人	1（25.00%）	2（50.00%）	1（25.00%）	0（0%）	4
服务行业打工人员	0（0%）	4（100%）	0（0%）	0（0%）	4
个体经营者	1（16.67%）	3（50.00%）	1（16.67%）	1（16.67%）	6
公务员、事业单位员工	22（25.58%）	54（62.79%）	7（8.14%）	3（3.49%）	86
央企员工	11（50.00%）	10（45.45%）	1（4.55%）	0（0%）	22
私企员工	10（31.25%）	20（62.50%）	2（6.25%）	0（0%）	32
外企员工	1（25.00%）	2（50.00%）	1（25.00%）	0（0%）	4
自由职业者	0（0%）	6（75.00%）	2（25.00%）	0（0%）	8
无业或待业人员	0（0%）	2（66.67%）	0（0%）	1（33.33%）	3
其他	3（23.08%）	10（76.92%）	0（0%）	0（0%）	13
学生	18（36.00%）	29（58.00%）	2（4.00%）	1（2.00%）	50
公益慈善机构员工	0（0%）	0（0%）	0（0%）	0（0%）	0

3. 不同职业类型群体的生育性别偏好

从样本统计数据情况来看，不同职业类型在生育性别偏好方面并未表现出突出的差异性。同样，各职业类型的主要选择都集中在"1 儿 1 女"选项上。与其他职业类型群体相比，务农人员更倾向于"至少 1 个女儿"和"不同性别的更多孩子"，大概是由于农村婚嫁中男方成本较高的缘故，以及农村传统的"多子多福"思想影响更大的原因。

在各职业类型中，自由职业者群体和学生群体对于"至少 1 个女儿"的选择比例也相对较高，应该是受到男孩养育成本较高的影响。央企员工"不在意性别"的比例最高，应该与其较高的受教育水平以及职业性质带来的开阔眼界造成的社会认知有关。公务员、事业单位员工和央企员工是样本中受教育程度最高的职业类型，公务员、事业单位员工中"不在意性别"的比例同样较高（表 5.25）。

表 5.25 不同职业类型群体的生育性别偏好

职业类型	至少1个儿子	至少1个女儿	1儿1女	2个以上儿子	2个以上女儿	不同性别的更多孩子	不在意性别	小计
务农人员	1 (5.88%)	4 (23.53%)	6 (35.29%)	2 (11.76%)	0 (0%)	4 (23.53%)	0 (0%)	17
工人	1 (25.00%)	0 (0%)	3 (75.00%)	0 (0%)	0 (0%)	0 (0%)	0 (0%)	4
服务行业打工人员	0 (0%)	0 (0%)	2 (50.00%)	0 (0%)	2 (50.00%)	0 (0%)	0 (0%)	4
个体经营者	1 (16.67%)	1 (16.67%)	3 (50.00%)	0 (0%)	0 (0%)	0 (0%)	1 (16.67%)	6
公务员、事业单位员工	5 (5.81%)	14 (16.28%)	45 (52.33%)	0 (0%)	1 (1.16%)	5 (5.81%)	16 (18.60%)	86
央企员工	1 (4.55%)	1 (4.55%)	11 (50.00%)	0 (0%)	1 (4.55%)	1 (4.55%)	7 (31.82%)	22
私企员工	4 (12.50%)	4 (12.50%)	14 (43.75%)	1 (3.13%)	1 (3.13%)	0 (0%)	8 (25.00%)	32
外企员工	0 (0%)	1 (25.00%)	1 (25.00%)	0 (0%)	2 (50.00%)	0 (0%)	0 (0%)	4
自由职业者	0 (0%)	2 (25.00%)	4 (50.00%)	1 (12.50%)	0 (0%)	0 (0%)	1 (12.50%)	8
无业或待业人员	1 (33.33%)	0 (0%)	0 (0%)	0 (0%)	1 (33.33%)	1 (33.33%)	0 (0%)	3
其他	0 (0%)	1 (7.69%)	8 (61.54%)	0 (0%)	0 (0%)	1 (7.69%)	3 (23.08%)	13
学生	10 (20.00%)	9 (18.00%)	20 (40.00%)	0 (0%)	0 (0%)	2 (4.00%)	9 (18.00%)	50
公益慈善机构员工	0 (0%)	0 (0%)	0 (0%)	0 (0%)	0 (0%)	0 (0%)	0 (0%)	0

表 5.26　不同职业类型群体的生育动机（多选）

职业类型	喜欢孩子	认为有孩子的人生才是完整的	为了维系夫妻关系	满足配偶或长辈的要求	为了将来养老	传宗接代的需要	随大流，不想成为异类	响应国家政策号召	体验更精彩的人生	其他原因	小计
务农人员	8 (47.06%)	7 (41.18%)	1 (5.88%)	1 (5.88%)	2 (11.76%)	2 (11.76%)	1 (5.88%)	5 (29.41%)	3 (17.65%)	0 (0%)	17
工人	2 (50.00%)	1 (25.00%)	0 (0%)	1 (25.00%)	1 (25.00%)	2 (50.00%)	0 (0%)	0 (0%)	0 (0%)	0 (0%)	4
服务行业打工人员	1 (25.00%)	2 (50.00%)	0 (0%)	0 (0%)	2 (50.00%)	0 (0%)	0 (0%)	1 (25.00%)	3 (75.00%)	0 (0%)	4
个体经营者	3 (50.00%)	3 (50.00%)	0 (0%)	1 (16.67%)	2 (33.33%)	1 (16.67%)	0 (0%)	0 (0%)	3 (50.00%)	0 (0%)	6
公务员、事业单位员工	51 (59.30%)	49 (56.98%)	7 (8.14%)	13 (15.12%)	7 (8.14%)	7 (8.14%)	6 (6.98%)	5 (5.81%)	28 (32.56%)	5 (5.81%)	86
央企员工	11 (50.00%)	4 (18.18%)	4 (18.18%)	7 (31.82%)	2 (9.09%)	3 (13.64%)	0 (0%)	1 (4.55%)	9 (40.91%)	1 (4.55%)	22
私企员工	17 (53.13%)	23 (71.88%)	6 (18.75%)	8 (25.00%)	1 (3.13%)	5 (15.63%)	1 (3.13%)	0 (0%)	8 (25.00%)	0 (0%)	32

（续）

职业类型	喜欢孩子	认为有孩子的人生才是完整的	为了维系夫妻关系	满足配偶或长辈的要求	为了将来养老	传宗接代的需要	随大流，不想成为异类	响应国家政策号召	体验更精彩的人生	其他原因	小计
外企员工	2 (50.00%)	2 (50.00%)	0 (0%)	0 (0%)	0 (0%)	0 (0%)	0 (0%)	0 (0%)	4 (100%)	0 (0%)	4
自由职业者	6 (75.00%)	5 (62.50%)	0 (0%)	2 (25.00%)	2 (25.00%)	0 (0%)	0 (0%)	0 (0%)	0 (0%)	1 (12.50%)	8
无业或待业人员	2 (66.67%)	1 (33.33%)	0 (0%)	0 (0%)	1 (33.33%)	0 (0%)	1 (33.33%)	0 (0%)	1 (33.33%)	0 (0%)	3
其他	11 (84.62%)	6 (46.15%)	0 (0%)	1 (7.69%)	3 (23.08%)	1 (7.69%)	0 (0%)	1 (7.69%)	3 (23.08%)	0 (0%)	13
学生	28 (56.00%)	25 (50.00%)	8 (16.00%)	8 (16.00%)	7 (14.00%)	7 (14.00%)	2 (4.00%)	2 (4.00%)	15 (30.00%)	2 (4.00%)	50
公益慈善机构员工	0 (0%)	0 (0%)	0 (0%)	0 (0%)	0 (0%)	0 (0%)	0 (0%)	0 (0%)	0 (0%)	0 (0%)	0

4. 不同职业类型群体的生育动机

总的来看，不同职业类型群体的生育动机数据结果较为分散，并未体现出明显的规律性。由于问卷设计为多选题（限选 3 项），可以看出，各职业类型群体的选择大多较为多样化。相对来说，稳定、高收入职业类型群体以个人偏好、人生的完整性或精彩性需求为生育动机的占比较高，"养老"动机相对集中于务农人员、工人、服务行业人员和个体经营者等相对不稳定或职业待遇较低的职业类型群体中（表 5.26）。

值得一提的是，务农人员选择"响应国家政策号召"的比例明显高于其他职业类型群体。务农人员中绝大多数人员（92.31%）为农村户口。可见，农民相对来说是政策响应度最高的群体。

六、工作情况对于生育意愿的影响分析

考虑到工作状态大多存在阶段性或周期性，不一定是一种人生持续状态，因此在工作状态因素分析中，仅涉及了对于生育选择和理想孩子数量的分析，未涉及与价值观更为相关的性别偏好和生育动机分析。

1. 工作忙碌程度带来的影响

（1）工作忙碌程度与生育选择

从交叉分析的数据分布来看，忙碌程度最高即"非常忙碌"的群体"愿意生孩子"的比例最低，"比较轻松"和"比较忙碌"群体的数据差异不明显。总体来说，较高程度的工作忙碌情况会影响人们的选择（表 5.27）。

表 5.27 工作忙碌程度与生育选择交叉分析

忙碌程度	愿意生孩子	不愿意生孩子	小计
比较轻松	76（56.72%）	58（43.28%）	134
比较忙碌	138（57.02%）	104（42.98%）	242
非常忙碌	35（50.00%）	35（50.00%）	70

（2）工作忙碌程度与理想孩子数量

工作忙碌程度与理想孩子数量的关系难以从交叉分析数据中发现明显的规律。"比较轻松"和"比较忙碌"群体对"1 个"和"2 个"孩子选择比例都比较相近。"非常忙碌"群体理想生育"1 个"孩子的比例最低，理想生育"2 个"孩子的比例最高，可能是由于这部分群体的收入状况最好，因此养育能力相对优于另两类群体（表 5.28）。

表 5.28 工作忙碌程度与理想孩子数量交叉分析

忙碌程度	1个	2个	3个	4个及以上	小计
比较轻松	23 (30.26%)	46 (60.53%)	3 (3.95%)	4 (5.26%)	76
比较忙碌	42 (30.43%)	84 (60.87%)	11 (7.97%)	1 (0.72%)	138
非常忙碌	7 (20.00%)	23 (65.71%)	3 (8.57%)	2 (5.71%)	35

2. 工作压力程度带来的影响

（1）工作压力程度与生育选择

不同工作压力状态的样本在是否愿意生育的选择中并未表现出明显的差异性，数据结果相似度较高，可见工作压力情况对于样本的生育选择不具有影响（表 5.29）。

表 5.29 工作压力程度与生育选择交叉分析

压力程度	愿意生孩子	不愿意生孩子	小计
没什么压力	43 (55.84%)	34 (44.16%)	77
有一定压力	164 (55.97%)	129 (44.03%)	293
压力很大	42 (55.26%)	34 (44.74%)	76

（2）工作压力程度与理想孩子数量

"没什么压力"群体理想状态为生育"2个"和"4个"孩子的比例均为最高，"有一定压力"和"压力很大"群体生育"2个"和"3个"孩子的比例数据差异性不明显。总体上可见工作压力程度对于理想孩子数量的影响不大（表 5.30）。

表 5.30 工作压力程度与理想孩子数量交叉分析

压力程度	1个	2个	3个	4个及以上	小计
没什么压力	9 (20.93%)	30 (69.77%)	1 (2.33%)	3 (6.98%)	43
有一定压力	51 (31.10%)	98 (59.76%)	13 (7.93%)	2 (1.22%)	164
压力很大	12 (28.57%)	25 (59.52%)	3 (7.14%)	2 (4.76%)	42

3. 工作稳定程度带来的影响

（1）工作稳定程度与生育选择

工作稳定程度不同的样本在生育选择上表现出较为明显的差异性。工作"比较稳定"的群体"愿意生孩子"的比例明显更高。处于中间层次的"不太稳定"的群体"愿意生孩子"的比例最低，而工作"非常不稳定"群体"愿意生孩子"的比例反而仅次于"比较稳定"群体排在第二位（表5.31）。

表 5.31　工作稳定程度与生育选择交叉分析

稳定程度	愿意生孩子	不愿意生孩子	小计
比较稳定	200（57.97%）	145（42.03%）	345
不太稳定	38（46.91%）	43（53.09%）	81
非常不稳定	11（55.00%）	9（45.00%）	20

（2）工作稳定程度与理想孩子数量

不同工作稳定程度群体的理想孩子数量具有一定的差异，但数据规律性不明显。工作"非常不稳定"群体理想孩子数量平均为1.818个，居于最低，工作"不太稳定"群体理想孩子数量平均为1.92个，居于最高，"比较稳定"群体理想孩子数量平均为1.82个，处于中间位置（表5.32）。

表 5.32　工作稳定程度与理想孩子数量

稳定程度	1个	2个	3个	4个及以上	小计
比较稳定	59（29.50%）	123（61.50%）	13（6.50%）	5（2.50%）	200
不太稳定	9（23.68%）	24（63.16%）	4（10.53%）	1（2.63%）	38
非常不稳定	4（36.36%）	6（54.55%）	0（0%）	1（9.09%）	11

七、不同婚姻状况群体生育意愿差异

本研究对于婚姻状况的调查设计得较为详细，除了涉及当前的婚姻状态还包含了未婚和离异、丧偶群体的婚姻意愿，以及已婚群体的婚姻关系。从样本情况介绍中可知，本次调查的446份样本中，婚姻外（包括未婚、离异、丧偶状态）样本总共占到37.67%，35.2%为未婚样本。从婚姻状况和已拥有孩子状况的交叉分析可知，未婚群体100%尚未生育。虽然随着社会价值观的变化，对于很多人来说，婚姻不再是生育的必要条件，但不得不承认，无论任何时候，婚姻都在很大程度上影响着人们的生育决策。一方面，社会上大多数人依旧持传统价值观，以婚姻为生育的基础；另一方面，基于子女的养育基础、成长环境等方面的需求，多数人愿意以婚姻为基础生育子女。

1. 婚姻状况与生育选择

不同婚姻状况群体的生育选择的交叉分析表中数据显示，婚姻状况与是否生育的选择具有较大的相关性，期望结婚的未婚群体中愿意生育的比例（75.61%）远高于不打算结婚的未婚群体（5.88%）。已婚样本中，夫妻感情和谐的群体愿意生育的比例（53.99%）也明显高于婚姻不和谐群体（46.67%）。离异和丧偶样本量较低，样本代表性不强，样本数据难以作为分析依据，但从现有数据来看，不打算再婚群体中不愿意生育的均占较大比例。从以上数据分析可以看出，是否结婚和婚姻质量都对人们是否生育产生较大的影响（表5.33）。

表5.33 不同婚姻状况群体的生育选择

婚姻选择和婚姻状态	是否愿意生孩子		小计
	是	否	
未婚并且不打算结婚	2 (5.88%)	32 (94.12%)	34
未婚但期望结婚	93 (75.61%)	30 (24.39%)	123
已婚并且夫妻感情和谐	142 (53.99%)	121 (46.01%)	263
已婚但婚姻不和谐	7 (46.67%)	8 (53.33%)	15
离异并准备再婚	1 (50.00%)	1 (50.00%)	2
离异并不打算再婚	3 (60.00%)	2 (40.00%)	5
丧偶并准备再结婚	0 (0%)	0 (0%)	0
丧偶但不打算再结婚	1 (25.00%)	3 (75.00%)	4

从各类婚姻状况的年龄分布来看，未婚并且不打算结婚的群体主要来源于25岁以下年龄段人群。在共157个未婚样本中，不打算结婚的样本比例总共达到21.66%，其中67.65%为25岁以下年龄段群体，20岁及以下群体占20.59%，21～25岁群体占47.06%。从各年龄段的婚姻状况分布来看，20岁及以下群体均为未婚状态，不打算结婚的比例为22.58%，21～25岁群体中未婚的占92.86%，不打算结婚的比例为19.05%。26～30岁和31～35岁群体中未婚且不打算结婚的比例分别为9.43%和5.71%，而且41～45岁和46岁及以上的少量样本中同样存在未婚并不打算结婚的比例，分别为1.23%和1.49%。

从年龄和婚姻状况与是否生育的交叉分析数据来看，20岁及以下、26～30岁和41～45岁以及46岁及以上的几个年龄段中，未婚且不打算结婚群体拒绝生育的比例均达到100%。其他年龄段同一状态的比例也很高（表5.34）。

也就是说，不仅作为未来生育主力军的年龄段人群有1/5左右没有进入婚姻的计划，且其中绝大部分也不愿意生孩子；年龄较高的群体中同样存在一定比例的不婚且不打算生育的人群。

表 5.34　年龄/婚姻状况与是否生育交叉分析

年龄/婚姻状况	是否愿意生孩子		小计
	是	否	
20 岁及以下/未婚并且不打算结婚	0（0%）	7（100%）	7
21～25 岁/未婚并且不打算结婚	1（6.25%）	15（93.75%）	16
26～30 岁/未婚并且不打算结婚	0（0%）	5（100%）	5
31～35 岁/未婚并且不打算结婚	1（25.00%）	3（75.00%）	4
36～40 岁/未婚并且不打算结婚	0（0%）	0（0%）	0
41～45 岁/未婚并且不打算结婚	0（0%）	1（100%）	1
46 岁及以上/未婚且不打算结婚	0（0%）	1（100%）	1
46 岁及以上/未婚但期望结婚	2（100%）	0（0%）	2

2. 婚姻状况与理想的孩子数量

由于未婚并且不打算结婚的群体和其他不打算再婚群体的生育意愿较弱，理想的孩子数量的数据分析主要集中在期望结婚和已婚的群体上。总体来看，已婚群体期待拥有更多孩子的比例较高，未婚群体更希望拥有 1～2 个孩子。已婚但婚姻不和谐的群体绝大多数（85.71%）的理想孩子数量为"2 个"，已婚并且夫妻感情和谐的群体理想孩子数量数据分布更为分散，理想孩子数量为"3 个"或"4 个及以上"的均有一定比例分布。可见，这部分群体是提高生育率的最主要力量（表 5.35）。

表 5.35　不同婚姻状况群体的理想孩子数量

婚姻状况	1 个	2 个	3 个	4 个及以上	小计
未婚并且不打算结婚	1（50.00%）	1（50.00%）	0（0%）	0（0%）	2
未婚但期望结婚	29（31.18%）	60（64.52%）	3（3.23%）	1（1.08%）	93
已婚并且夫妻感情和谐	42（29.58%）	83（58.45%）	12（8.45%）	5（3.52%）	142
已婚但婚姻不和谐	0（0%）	6（85.71%）	1（14.29%）	0（0%）	7
离异并准备再婚	0（0%）	1（100%）	0（0%）	0（0%）	1
离异并不打算再婚	0（0%）	2（66.67%）	1（33.33%）	0（0%）	3
丧偶并准备再结婚	0（0%）	0（0%）	0（0%）	0（0%）	0
丧偶但不打算再结婚	0（0%）	0（0%）	0（0%）	1（100%）	1

3. 婚姻状况与生育性别偏好

生育性别偏好的分析同样以未婚但期望结婚的群体和已婚群体为主。相比较而言，未婚但期望结婚的群体比其他类型群体更喜欢拥有"至少1个儿子"，选择"至少1个女儿"的样本数量也较高。未婚并期望结婚和已婚并且夫妻感情和谐的群体更为不在意性别，已婚但婚姻不和谐的群体对于"1儿1女"的选择比例（71.43%）远高于其他群体，也更愿意拥有"不同性别的更多孩子"（表5.36）。

与上述理想孩子数量的分析类似，已婚并且夫妻感情和谐的群体在生育性别偏好方面的数据同样比较分散。有可能是因为和谐的婚姻关系下，人们对于子女的期待受到的影响更少，因而更多遵从于本身偏好，从而令群体内部差异性较大。

4. 婚姻状况与生育动机

各类婚姻状况群体的生育动机数据基本与样本的整体数据特征一致，"喜欢孩子""认为有孩子人生才完整""体验更精彩的人生"为数据较为集中的3个主观因素选项，未婚但期望结婚群体与已婚并且夫妻感情和谐群体的数据分布具有较高的相似性。

从不同婚姻状况的差异来看，已婚但婚姻不和谐群体因"喜欢孩子"而生育的比例最高（85.71%）。未婚但期望结婚的群体选择"为了维系夫妻关系""满足配偶或长辈的要求""为了将来养老""传宗接代的需要""随大流，不想成为异类"等客观因素选项的比例均为群体中最高，可见这一群体的生育动机的功能性较强，受外在因素影响较大。已婚并且夫妻感情和谐群体对几类客观因素选项同样有一定比例的选择，并且是"响应国家政策号召"的比例（8.45%）最高的群体，未婚但期望结婚群体次之（3.23%）（表5.37）。

通过上述分析可以看出，已婚并且夫妻感情和谐群体和未婚但期望结婚群体应该是当前和今后生育政策实施的主要响应者，也将是提高生育水平的主体力量。

小结

从按照个体特征划分的各类群体的生育意愿差异分析来看，生育意愿受个体特征因素影响较为明显。按照相关性强弱排列，主要影响变量包括：性别、婚姻状况、年龄、受教育程度、职业、户口类型和生活区域、工作状态。

总的来说，男性的生育意愿明显比女性强烈，愿意生育的男性比例明显高

表 5.36　不同婚姻状况群体的生育性别偏好

婚姻状况	至少1个儿子	至少1个女儿	1儿1女	2个以上儿子	2个以上女儿	不同性别的更多孩子	不在意性别	小计
未婚并且不打算结婚	0 (0%)	1 (50.00%)	0 (0%)	0 (0%)	0 (0%)	0 (0%)	1 (50.00%)	2
未婚但期望结婚	15 (16.13%)	13 (13.98%)	40 (43.01%)	0 (0%)	3 (3.23%)	4 (4.30%)	18 (19.35%)	93
已婚并且夫妻感情和谐	9 (6.34%)	23 (16.20%)	68 (47.89%)	4 (2.82%)	4 (2.82%)	8 (5.63%)	26 (18.31%)	142
已婚但婚姻不和谐	0 (0%)	0 (0%)	5 (71.43%)	0 (0%)	0 (0%)	2 (28.57%)	0 (0%)	7
离异并准备再婚	0 (0%)	0 (0%)	1 (100%)	0 (0%)	0 (0%)	0 (0%)	0 (0%)	1
离异并不打算再婚	0 (0%)	0 (0%)	3 (100%)	0 (0%)	0 (0%)	0 (0%)	0 (0%)	3
丧偶并准备再婚结婚	0 (0%)	0 (0%)	0 (0%)	0 (0%)	0 (0%)	0 (0%)	0 (0%)	0
丧偶但打算不再结婚	0 (0%)	0 (0%)	0 (0%)	0 (0%)	1 (100%)	0 (0%)	0 (0%)	1

表 5.37 不同婚姻状况群体的生育动机

婚姻状况	喜欢孩子	认为有孩子人生才完整	为了维系夫妻关系	满足配偶或长辈的要求	为了将来养老	传宗接代的需要	随大流，不想成为异类	响应国家政策号召	体验更精彩的人生	其他原因	小计
未婚并且不打算结婚	1 (50.00%)	0 (0%)	1 (50.00%)	1 (50.00%)	0 (0%)	0 (0%)	0 (0%)	0 (0%)	1 (50.00%)	0 (0%)	2
未婚但期望结婚	48 (51.61%)	44 (47.31%)	13 (13.98%)	22 (23.66%)	16 (17.20%)	14 (15.05%)	5 (5.38%)	3 (3.23%)	33 (35.48%)	3 (3.23%)	93
已婚并且夫妻感情和谐	84 (59.15%)	79 (55.63%)	12 (8.45%)	18 (12.68%)	14 (9.86%)	13 (9.15%)	5 (3.52%)	12 (8.45%)	40 (28.17%)	6 (4.23%)	142
已婚但婚姻不和谐	6 (85.71%)	2 (28.57%)	0 (0%)	1 (14.29%)	0 (0%)	1 (14.29%)	0 (0%)	0 (0%)	1 (14.29%)	0 (0%)	7
离异并不准备再婚	1 (100%)	1 (100%)	0 (0%)	0 (0%)	0 (0%)	0 (0%)	0 (0%)	0 (0%)	1 (100%)	0 (0%)	1
离异并打算再婚	2 (66.67%)	2 (66.67%)	0 (0%)	0 (0%)	0 (0%)	0 (0%)	0 (0%)	0 (0%)	1 (33.33%)	0 (0%)	3
丧偶并不准备再婚	0 (0%)	0 (0%)	0 (0%)	0 (0%)	0 (0%)	0 (0%)	0 (0%)	0 (0%)	0 (0%)	0 (0%)	0
丧偶但不打算再婚	0 (0%)	0 (0%)	0 (0%)	0 (0%)	0 (0%)	0 (0%)	1 (100%)	0 (0%)	0 (0%)	0 (0%)	1

于女性，男性比女性期待生育更多孩子；在生育动机方面，男性更具功能性动机，女性生育动机更为感性化。婚姻状况的影响表现为，期待结婚的群体生育意愿明显高于不打算结婚的群体；夫妻感情和谐的群体愿意生育的比例明显高于婚姻不和谐群体。从年龄因素来看，年龄越大愿意生育的比例越低；较高年龄群体相对于较低年龄群体期待拥有更多孩子。受教育程度的影响表现为，学历水平较高群体愿意生育的比例更高，也更期待拥有更多孩子，更加不在意生育性别；较高学历群体在生育动机上更为注重对个人需求的满足，较低学历群体更为注重传统的功能性动机；较低学历群体更愿意响应国家生育政策号召。另外，体制内工作人群愿意生育的占比更高，理想孩子数量更高。按照户口和生活区域划分的城乡人口在生育意愿的差异性方面表现类似，相对于城市户口群体，农村户口群体更期待拥有2个孩子；生活在农村地区的人口更具生育性别偏好，农村户口群体更偏好于儿子。工作忙碌程度较高的群体生育的可能性更低。

第六章 家庭因素导致的生育意愿差异分析

一、独生子女与非独生子女生育意愿差异

过去 30 多年的独生子女生育政策的直接效果就是当前处于生育年龄阶段的人群中独生子女的高比例。与非独生子女相比，独生子女的生长环境更为优越，独享家庭资源和父母关爱，个性和价值观与非独生子女差异较大。同时，成年后的独生子女面临的赡养负担也更重。上述各类因素都有可能造成其婚姻观、生育观与非独生子女的差异。

1. 本人是否为独生子女与生育选择

从交叉分析表中的数据来看，非独生子女群体中愿意生孩子的比例高于独生子女群体，但数据差异不大，说明本人是否为独生子女这一因素对于是否愿意生育的影响不突出（表 6.1）。

表 6.1 本人是否为独生子女与是否愿意生育交叉分析

是否为独生子女	是否愿意生孩子		小计
	是	否	
独生子女	93（51.38%）	88（48.62%）	181
非独生子女	156（58.87%）	109（41.13%）	265

2. 本人是否为独生子女与理想的孩子数量

在愿意生育的样本中，独生子女为 93 人，占 37.35%，非独生子女 156 人，占 62.65%。从数据分布来看，独生子女群体并未表现出比非独生子女群体有更高的理想孩子数量，两类群体的数据差距不明显。独生子女理想状态为拥有"1个"和"2个"孩子的比例相对较高，均高于非独生子女群体；非独生子女理想孩子数量为"3个"和"4个及以上"的比例较高，均高于独生子女群体。

虽然从社会经验来看，人们认为独生子女群体由于成年后自身面临较大的赡养压力，可能会选择生育更多孩子以降低其后代将来的赡养压力；另外，独

生子女群体成长过程中相对孤独，可能希望多生育孩子为自己的子女带来同龄陪伴，从而降低类似的孤独感。但从本研究的数据结果来看，除了理想孩子数量为"2个"的比例（62.37%）略高于非独生子女群体（60.90%）之外，这一情况体现得并不明显。毕竟当今社会的生育行为受到各种经济、社会因素的影响，人们的生育选择更为理性。而且还有另外一种可能，独生子女在其成长过程中独占家庭资源和父母的爱，从而更具优越感，因此部分独生子女群体希望为自己的孩子营造类似的成长环境，从而不愿意生育更多孩子以造成家庭资源竞争，降低子女成长环境的优越性。而非独生子女群体则可能是由于成年后享受到拥有兄弟姐妹带来的父母赡养方面的优势，以及更多亲人带来的情感优势等原因，加之其本身为非独生子女的身份对其心胸及价值观的影响，促使其中更多人比独生子女群体愿意多生育孩子。

当然，一方面由于样本代表性问题，另一方面由于数据差异度较小，本数据分析仅提供一种可能性。但至少可以说明，两类群体在子女数量的期望上差距并不明显，也就是说，是否为独生子女身份对于生育数量的影响应该并不大（表6.2）。

表 6.2　本人是否为独生子女与理想子女数量交叉分析

是否为独生子女	理想子女数量				小计
	1个	2个	3个	4个及以上	
独生子女	28（30.11%）	58（62.37%）	6（6.45%）	1（1.08%）	93
非独生子女	44（28.21%）	95（60.90%）	11（7.05%）	6（3.85%）	156

3. 本人是否为独生子女与生育性别偏好

性别偏好方面，独生子女和非独生子女群体的数据（表6.3）差异也不大。可以看出，独生子女中更多人偏好女儿，无论是"至少1个女儿"还是"2个以上女儿"的选择比例均略高于非独生子女；同样非独生子女群体在"至少1个儿子"和"2个以上儿子"两个选项上的选择比例均稍高于独生子女群体。同样，独生子女群体中"不在意性别"的人数比例（19.35%）也高于非独生子女群体（17.31%）。如果用社会价值观来解释的话，非独生子女群体在生育上的"重男轻女"思想可能稍重于独生子女群体，这可能与其家庭性别观念的影响有一定关系，毕竟部分非独生子女家庭生育1个以上孩子的原因是希望生育男孩。

表 6.3 本人是否为独生子女与生育性别偏好交叉分析

是否为独生子女	至少1个儿子	至少1个女儿	1儿1女	2个以上儿子	2个以上女儿	不同性别的更多孩子	不在意性别	小计
独生子女	8 (8.60%)	14 (15.05%)	45 (48.39%)	1 (1.08%)	3 (3.23%)	4 (4.30%)	18 (19.35%)	93
非独生子女	16 (10.26%)	23 (14.74%)	72 (46.15%)	3 (1.92%)	5 (3.21%)	10 (6.41%)	27 (17.31%)	156

表 6.4 本人是否为独生子女与生育动机交叉分析

是否为独生子女	喜欢孩子	认为有孩子人生才完整	为了维系夫妻关系	满足配偶或长辈的要求	为了将来养老	传宗接代的需要	随大流，不想成为异类	响应国家政策号召	体验更精彩的人生	其他原因	小计
独生子女	49 (52.69%)	52 (55.91%)	13 (13.98%)	17 (18.28%)	19 (20.43%)	14 (15.05%)	3 (3.23%)	4 (4.30%)	30 (32.26%)	1 (1.08%)	93
非独生子女	93 (59.62%)	76 (48.72%)	13 (8.33%)	25 (16.03%)	11 (7.05%)	14 (8.97%)	8 (5.13%)	11 (7.05%)	47 (30.13%)	8 (5.13%)	156

4. 本人是否为独生子女与生育动机

生育动机数据（表6.4）中，独生子女群体和非独生子女群体的差异性同样不大。独生子女群体中选择"认为有孩子的人生才完整"和希望"体验更精彩的人生"的比例均高于非独生子女群体。同时，独生子女群体中生育动机为"为了维系夫妻关系""满足配偶或长辈的要求""为了将来养老"和"传宗接代的需要"的比例都高于非独生子女家庭。也就是说独生子女群体中更大比例的人群在生育方面受到来自家庭和家族相关因素的影响。一方面，独生子女群体中更多人在生育上注重个人人生感受；另一方面，独生子女群体的生育也更多受到来自于家庭和家族的各种因素的影响。

非独生子女群体中生育动机为"喜欢孩子"的比例相对较高（59.62%），同时，选择"随大流，不想成为异类"和"响应国家政策号召"的比例也均高于独生子女群体。也就是说，一方面，非独生子女群体在生育上更为遵从单纯的个人喜好；另一方面，他们的生育也更容易受到来自国家和社会的影响。

二、本人父母关系因素带来的生育意愿差异

1. 本人父母关系与生育意愿

从交叉分析结果来看，对于是否生育的选择与父母关系关联度较高，统计数据明显表现出父母关系越好的样本愿意生育的比例越高的特征。父母感情和谐的样本愿意生育的比例达到58.06%，而父母离异样本中愿意生育的比例仅为39.29%，父母尚未离异但矛盾较多的样本愿意生育和拒绝生育的比例各占一半（表6.5）。

父母感情的和谐带给子女较为和谐美好的家庭成长环境，同时让子女具有对类似和谐家庭关系的向往，为子女的生育意愿形成助力。而父母矛盾较多的家庭中，通常让子女感受到家庭关系带来的压力，从而导致他们对于家庭失望。父母离异的状态下，子女对于家庭更加不具有信心，甚至在父母离异中受到情感上的伤害，导致他们对自己今后步入婚姻和家庭产生障碍。因此，以父母关系为关键因素的原生家庭关系对于其家庭中子女的生育意愿的影响是较为显著的。

2. 本人父母关系与理想的孩子数量

在愿意生育的249个样本中，本人父母关系与本人的理想孩子数量数据进行交叉分析发现，父母感情和谐的群体期待较多孩子的比例相对较高，理想孩子数量为"2个"的占比（60.77%）低于父母矛盾较多群体（72.41%），但

理想孩子数量为"3 个"和"4 个及以上"的均有一定比例。在 3 个类型的群体中，父母离异群体选择"1 个"孩子的比例最高（表 6.6）。

表 6.5　本人父母关系与是否愿意生育交叉分析

父母关系	愿意生孩子	不愿意生孩子	小计
父母感情和谐	209（58.06%）	151（41.94%）	360
父母矛盾较多	29（50.00%）	29（50.00%）	58
父母离异	11（39.29%）	17（60.71%）	28

表 6.6　本人父母关系与理想孩子数量交叉分析

父母关系	1 个	2 个	3 个	4 个及以上	小计
父母感情和谐	62（29.67%）	127（60.77%）	15（7.18%）	5（2.39%）	209
父母矛盾较多	6（20.69%）	21（72.41%）	2（6.90%）	0（0%）	29
父母离异	4（36.36%）	5（45.45%）	0（0%）	2（18.18%）	11

3. 本人父母关系与生育性别偏好

在依然受到传统性别观念影响的中国社会，子女性别也常常成为家庭关系的重要影响因素，例如，生育女孩的家庭可能会存在由于"重男轻女"思想导致的家庭矛盾，而父母关系又经常是家庭矛盾的集中体现。

通过交叉分析数据（表 6.7）可以看出，父母感情和谐的群体是偏好儿子比例最高的，对"至少 1 个儿子"和"2 个以上儿子"的选择比例都是最高的，同时"不在意性别"的样本占比也是最高的，但与父母离异群体的数据差异不明显。而父母关系相对较差的群体更偏好女儿。父母离异群体对于"至少 1 个女儿"和"1 儿 1 女"的选择比例持平。父母矛盾较多和父母离异的两个群体在"2 个以上女儿"的选择上都明显高于父母感情和谐群体。可能是由于人们大多认为女儿更加乖巧，更能够促进家庭关系的和谐，促使经历了恶劣家庭关系成长起来并且还愿意期待婚姻和孩子的人们中有更多人希望拥有女儿。

4. 本人父母关系与生育动机

父母关系不同的群体在生育动机方面的差异的规律性不明显（表 6.8）。总的来说，父母感情和谐的群体"喜欢孩子"的比例最高，而且父母关系越差，"喜欢孩子"的比例越低。以"认为有孩子人生才完整"为生育动机的比例表现出同样的特征。对于"为了维系夫妻关系""满足配偶或长辈的要求""为了将来养老""传宗接代的需要"等家庭影响因素的选择比例来看，总体上

表 6.7　本人父母关系与生育性别偏好交叉分析

父母关系	至少1个儿子	至少1个女儿	1儿1女	2个以上儿子	2个以上女儿	不同性别的更多孩子	不在意性别	小计
父母感情和谐	22 (10.53%)	29 (13.88%)	99 (47.37%)	4 (1.91%)	4 (1.91%)	11 (5.26%)	40 (19.14%)	209
父母矛盾较多	1 (3.45%)	5 (17.24%)	15 (51.72%)	0 (0%)	3 (10.34%)	2 (6.90%)	3 (10.34%)	29
父母离异	1 (9.09%)	3 (27.27%)	3 (27.27%)	0 (0%)	1 (9.09%)	1 (9.09%)	2 (18.18%)	11

表 6.8　本人父母关系与生育动机交叉分析

父母关系	喜欢孩子	认为有孩子人生才完整	为了维系夫妻关系	满足配偶或长辈的要求	为了将来养老	传宗接代的需要	随大流、不想成为异类	响应国家政策号召	体验更精彩的人生	其他原因	小计
父母感情和谐	121 (57.89%)	113 (54.07%)	23 (11.00%)	36 (17.22%)	21 (10.05%)	25 (11.96%)	10 (4.78%)	15 (7.18%)	61 (29.19%)	6 (2.87%)	209
父母矛盾较多	16 (55.17%)	14 (48.28%)	3 (10.34%)	3 (10.34%)	8 (27.59%)	2 (6.90%)	0 (0%)	0 (0%)	12 (41.38%)	2 (6.90%)	29
父母离异	5 (45.45%)	1 (9.09%)	0 (0%)	3 (27.27%)	1 (9.09%)	1 (9.09%)	1 (9.09%)	0 (0%)	4 (36.36%)	1 (9.09%)	11

还是父母感情和谐的群体较高，父母矛盾较多群体次之，父母离异群体最低。另外，在"响应国家政策号召"方面，仅有父母感情和谐群体具有一定的选择比例（7.18%），另外两个群体该数据均为"0"。

三、已有孩子状况与生育意愿

研究对样本已有孩子的状况进行了调查，以了解已有孩子状况对样本当前生育意愿的影响。已有孩子的状况包括样本已拥有的孩子的数量、性别、对孩子满意情况和已有孩子的照料情况。对于已有孩子样本进行的生育意愿分析主要是对其在现有孩子基础上的再生育意愿的分析。

1. 已有孩子状况与生育选择

（1）已有孩子数量与生育选择

首先，研究对样本已有孩子数量与其是否愿意生育的关系进行了分析。通过交叉分析数据发现，"没有孩子"的样本"愿意生孩子"的比例最高（62.90%）。已经有孩子的样本中，已有"2个"孩子的群体"愿意生孩子"的比例高于已有"1个"孩子的群体。由于该题目本意询问的是样本对于是否愿意生孩子的最初意愿，但不排除有样本理解为在已有孩子状态下的再生育意愿，因此，研究对已有孩子样本又进行了再生育选择的调查（表6.9）。

表6.9 已有孩子数量与生育选择交叉分析

孩子数量	愿意生孩子	不愿意生孩子	小计
没有孩子	117（62.90%）	69（37.10%）	186
1个	83（49.11%）	86（50.89%）	169
2个	47（54.65%）	39（45.35%）	86
3个	1（33.33%）	2（66.67%）	3
4个及以上	1（50.00%）	1（50.00%）	2

拥有"3个"和"4个及以上"孩子的样本量极少（仅为3个和2个），研究仅对已拥有"1个"和"2个"孩子的样本进行再生育意愿分析。数据显示，已有"1个"孩子的样本愿意再生育的比例稍高于已有"2个"孩子的样本，已有"3个"孩子的样本愿意再生育的比例为0。针对目前三孩生育政策的实施，政策目标群体（已有2个孩子的人群）愿意生育三孩的不足6%，加上"不确定"的群体，总共也不及10%。也就是说，即便在生育政策完全放开的条件下，愿意生育3个以上孩子的人群比例也是极低的。可以说目前的生育政

策对于人们的生育数量已经不再发挥限制作用，而鼓励的作用还尚未实现（表 6.10）。

表 6.10 已有孩子数量与再生育选择交叉分析

孩子数量	会再生育	不会再生育	不确定	小计
1 个	13（7.69%）	129（76.33%）	27（15.98%）	169
2 个	5（5.81%）	78（90.70%）	3（3.49%）	86
3 个	0（0%）	3（100%）	0（0%）	3
4 个及以上	1（50.00%）	1（50.00%）	0（0%）	2

（2）已有孩子性别与再生育选择

交叉分析数据显示，已有孩子性别为"女儿"的样本"愿意再生育"的比例明显高于已有孩子性别为"儿子"的样本。除去"不确定"样本，已有孩子性别为"儿子"的样本拒绝再生育的比例也明显高于已有孩子性别为"女儿"的样本。根据已有社会经验分析，可能一方面是由于人们所承袭的传统观念中对于"儿子"的偏好促使已生育女儿的群体希望再生育儿子以达到传统观念中的生育目的；另一方面是由于儿子养育成本较高且需要父母耗费精力较大，导致已有儿子的群体缺乏再生育的勇气。

另外，"儿女双全"的样本"愿意再生育"的比例是最低的（表 6.11）。

表 6.11 已有孩子性别与再生育选择交叉分析

已有孩子性别	会再生育	不会再生育	不确定	小计
儿子	7（5.98%）	97（82.91%）	13（11.11%）	117
女儿	10（10.10%）	73（73.74%）	16（16.16%）	99
儿女双全	2（4.55%）	41（93.18%）	1（2.27%）	44

已有孩子数量和性别两个自变量与再生育选择的交叉分析数据中，删除无效数据，愿意再生育样本占比最高的是已有 2 个女儿的群体（11.11%），其次为已有 1 个女儿的群体（10.00%）；愿意再生育样本占比最低的儿女双全群体中，已有 2 个、3 个、4 个孩子的 3 个群体愿意再生育的最高比例也仅达到1%。已有 1 个儿子的群体拒绝再生育的比例高于已有 1 个女儿的群体。除去"不确定"的群体，已有 2 个儿子的群体拒绝再生育的比例稍低于已有 2 个女儿的群体（表 6.12）。

表6. 12　已有孩子数量和性别与再生育选择交叉分析

孩子数量	会再生育	不会再生育	不确定	小计
儿子/1个	5 (5.62%)	73 (82.02%)	11 (12.36%)	89
儿子/2个	2 (7.14%)	24 (85.71%)	2 (7.14%)	28
女儿/1个	8 (10.00%)	56 (70.00%)	16 (20.00%)	80
女儿/2个	2 (11.11%)	16 (88.89%)	0 (0%)	18
女儿/3个	0 (0%)	1 (100%)	0 (0%)	1
儿女双全/2个	1 (2.50%)	38 (95.00%)	1 (2.50%)	40
儿女双全/3个	0 (0%)	2 (100%)	0 (0%)	2
儿女双全/4个及以上	1 (50.00%)	1 (50.00%)	0 (0%)	2

（3）对已有孩子满意情况与再生育选择

调查研究了已有孩子样本对其子女的满意情况，从数据分析来看，对已有子女满意度较高的群体愿意再生育的比例较高，拒绝再生育的比例也明显较低（表6.13）。

表6. 13　对已有孩子满意情况与再生育选择交叉分析

满意情况	会再生育	不会再生育	不确定	小计
非常满意	12 (9.09%)	103 (78.03%)	17 (12.88%)	132
基本满意	5 (4.63%)	92 (85.19%)	11 (10.19%)	108
不太满意	1 (5.26%)	16 (84.21%)	2 (10.53%)	19
非常不满	1 (100%)	0 (0%)	0 (0%)	1

（4）距离理想孩子数量的差距与再生育选择

在样本特征介绍部分，通过"理想的孩子数量"与"已有孩子数量"的交叉分析可知，调查样本中绝大部分人已有孩子的数量没有达到理想水平，即在生育孩子数量方面未实现理想。那么没实现理想的群体是否会再生育孩子来达到理想的数量？本研究对理想的孩子数量和已有孩子数量两个自变量与再生育意愿进行交叉分析，去除样本计数为0的情况，得到数据分布如表6.14所示。

理想的孩子数量为"1个"的样本群体无论已有"1个"还是"2个"孩子，都不愿意再生育，已有1个孩子的群体存在14.29%的不确定比例，而已有2个孩子的样本群体拒绝再生育的比例为100%。

理想孩子数量为"2个"的样本群体中，没有达成理想状态的即已有

"1个"孩子的部分群体中,愿意再生育的占比仅为18.18%,加上"不确定"群体的比例,总共也只有47.73%。而达到"2个"孩子的群体中拒绝再生育的比例将近90%。

理想的孩子数量为"3个"的样本还都尚未达成理想,已有1个孩子的群体中愿意再生育的比例超过一半,已有2个孩子的群体中愿意再生育的仅占1/4的比例。

也就是说,即便人们已生育的孩子数量尚未达到理想数量,大多数人也都不愿意继续生孩子来达到理想状态。可见,在生育数量方面,现实战胜了理想(表6.14)。

表6.14 理想的孩子数量和已有孩子数量与再生育选择交叉分析

理想孩子数量/已有孩子数量	会再生育	不会再生育	不确定	小计
1个/1个	0 (0%)	24 (85.71%)	4 (14.29%)	28
1个/2个	0 (0%)	2 (100%)	0 (0%)	2
2个/1个	8 (18.18%)	23 (52.27%)	13 (29.55%)	44
2个/2个	2 (5.26%)	34 (89.47%)	2 (5.26%)	38
2个/3个	0 (0%)	1 (100%)	0 (0%)	1
3个/1个	5 (55.56%)	2 (22.22%)	2 (22.22%)	9
3个/2个	1 (25.00%)	3 (75.00%)	0 (0%)	4
4个及以上/1个	0 (0%)	2 (100%)	0 (0%)	2
4个及以上/2个	2 (66.67%)	1 (33.33%)	0 (0%)	3
4个及以上/4个及以上	1 (100%)	0 (0%)	0 (0%)	1

2. 已有孩子数量与理想的孩子数量

前面分析了"理想的孩子数量"对人们实际生育孩子数量的影响,在于发现现实对于人们生育行为带来的障碍。这里再以已有孩子情况为自变量,理想的孩子数量作为生育意愿的内容之一为因变量,再次分析两者之间的关系,在于发现已有孩子的状况对于人们期待状况的影响,也即现实对理想的影响。

从交叉分析数据可见,没有孩子的样本中理想状态为拥有"1个"孩子的比例要高于已拥有孩子的样本。已有"2个"孩子的样本中理想状态为拥有"2个"孩子的比例最高,也就是说已经拥有两个孩子的群体大多数并未因为现实拥有了与理想状态相同数量的孩子而感到后悔。同样,已拥有孩子的样本中理想孩子数量为"3个"以上的比例也同样高于没有孩子的样本。

总体而言，虽然前面分析中发现理想的孩子数量尚未达成的群体中大部分不愿意继续为此努力，但此处的分析又可以看出，已有孩子群体的理想孩子数量总体上是高于没有孩子的群体的。因此，造成人们不愿意继续生育更多孩子以实现理想状态的原因可能不是已有的孩子本身，而是其他因素（表6.15）。

表 6.15　已有孩子数量和理想孩子数量交叉分析

已有孩子数量	理想孩子数量				小计
	1个	2个	3个	4个及以上	
没有孩子	42（35.90%）	70（59.83%）	4（3.42%）	1（0.85%）	117
1个	28（33.73%）	44（53.01%）	9（10.84%）	2（2.41%）	83
2个	2（4.26%）	38（80.85%）	4（8.51%）	3（6.38%）	47
3个	0（0%）	1（100%）	0（0%）	0（0%）	1
4个及以上	0（0%）	0（0%）	0（0%）	1（100%）	1

3. 已有孩子状况与生育性别偏好

（1）已有孩子数量与生育性别偏好

没有孩子的群体会对将来要生育孩子的性别有所期待，已有孩子的群体对于将来再生育的孩子的性别期待会在一定程度上受现有孩子状况的影响。从已有孩子数量与生育性别偏好的交叉分析（表6.16）来看，没有孩子的样本的生育性别偏好更为多样化，这类样本在"至少1个儿子""至少1个女儿""1儿1女"和"不在意性别"等选项中都有一定的选择比例。

除了已有"1个"孩子的群体选择"至少1个女儿"的比例达到20%以外，已有1~2个孩子的样本选择相对集中，选择单一性别孩子的比例都比较低，而选择"1儿1女"的比例明显高于没有孩子的样本。因此，已有孩子群体很可能受到现有孩子养育过程的影响，对于某一性别孩子的偏好程度低于尚未养育孩子的群体。

（2）已有孩子性别与生育性别偏好

已有孩子的性别是否会影响人们对再生育的孩子的性别偏好？研究进行了已有孩子性别与生育性别偏好的交叉分析。

数据（表6.17）显示，"儿女双全"的样本中期待"1儿1女"的比例是最高的，也就是说，这部分群体对目前的子女性别状态是较为满意的，或者期

表 6.16 已有孩子数量与生育性别偏好交叉分析

已有孩子数量	至少1个儿子	至少1个女儿	1儿1女	2个以上儿子	2个以上女儿	不同性别的更多孩子	不在意性别	小计
没有孩子	17 (14.53%)	19 (16.24%)	49 (41.88%)	0 (0%)	4 (3.42%)	4 (3.42%)	24 (20.51%)	117
1个	5 (6.02%)	17 (20.48%)	42 (50.60%)	1 (1.20%)	1 (1.20%)	4 (4.82%)	13 (15.66%)	83
2个	2 (4.26%)	1 (2.13%)	25 (53.19%)	3 (6.38%)	2 (4.26%)	6 (12.77%)	8 (17.02%)	47
3个	0 (0%)	0 (0%)	1 (100%)	0 (0%)	0 (0%)	0 (0%)	0 (0%)	1
4个及以上	0 (0%)	0 (0%)	0 (0%)	0 (0%)	1 (100%)	0 (0%)	0 (0%)	1

表 6.17 已有孩子性别与生育性别偏好交叉分析

已有孩子性别	至少1个儿子	至少1个女儿	1儿1女	2个以上儿子	2个以上女儿	不同性别的更多孩子	不在意性别	小计
儿子	4 (7.02%)	5 (8.77%)	31 (54.39%)	3 (5.26%)	1 (1.75%)	2 (3.51%)	11 (19.30%)	57
女儿	2 (3.85%)	13 (25.00%)	21 (40.38%)	1 (1.92%)	2 (3.85%)	6 (11.54%)	7 (13.46%)	52
儿女双全	1 (4.35%)	0 (0%)	16 (69.57%)	0 (0%)	1 (4.35%)	2 (8.70%)	3 (13.04%)	23

待子女性别与已有子女性别重合度较高。

已有女儿的样本对于"1儿1女"的期待是最低的，而且期待"至少1个女儿"的比例是最高的。可见这部分群体对现有子女性别情况的满意度高于已有儿子的样本。

4. 已有孩子状况与再生育动机

（1）已有孩子数量与再生育动机

对已有孩子并且愿意再生育的样本进行已有孩子数量和再生育动机的交叉分析（表6.18），剔除总量为0的样本类型（已有3个孩子的样本）得到的数据显示，已有"1个"孩子的样本选择再生育的主要动机是"为了已有孩子有个伴"，其次是由于"喜欢孩子"和"想要儿女双全"和"担心失独风险"。已有"2个"孩子的样本再生育的主要动机是"喜欢孩子"，其次是"想要儿女双全"。家人或家族影响以及养儿防老等功能性动机都不作为人们再生育的主要动机。

（2）已有孩子性别与再生育动机

从交叉分析数据（表6.19）来看，已有儿子的样本选择再生育的动机主要是"喜欢孩子"和"为了已有孩子有个伴"；已有女儿的样本选择再生育的主要动机是"为了已有孩子有个伴"和"想要儿女双全"。儿女双全样本的再生育动机相对更为多样化。

可见，仅有女儿的样本相对于已有儿子的样本更期待再获得不同性别孩子，而且仅有女儿的样本更"担心失独风险"（29.63%）。

（3）对已有孩子满意情况与再生育动机

在样本特征统计分析中，对于已有子女不满意的样本比例较小（7.31%），不满意主要原因集中在孩子学习、性格及管理难度3个方面。从交叉分析数据（表6.20）可以看出，对已有孩子"非常满意"的样本再生育的主要动机是"为了已有孩子有个伴"，其次是"喜欢孩子"；对已有孩子"基本满意"的样本再生育的主要原因是"为了已有孩子有个伴"和"想要儿女双全"；而对已有孩子"不太满意"的样本中"喜欢孩子"的比例明显少于"非常满意"的样本，再生育动机分散为"为了已有孩子有个伴""担心失独风险"和"传宗接代的需要"。

四、家人态度对再生育意愿的影响分析

1. 已有孩子态度与再生育选择

已有孩子对于父母再生育的态度通常会影响父母对于再生育的选择。社会

表 6.18 已有孩子数量与再生育动机交叉分析

已有孩子数量	喜欢孩子	为了已有孩子有个伴	为了维系夫妻关系	担心失独风险	为了将来养老保障	想要儿女双全	满足配偶要求	满足孩子要求	满足长辈要求	传宗接代的需要	响应国家政策号召	体验更精彩的人生	其他原因(请注明)	小计
1个	19 (47.50%)	31 (77.50%)	2 (5.00%)	10 (25.00%)	4 (10.00%)	17 (42.50%)	2 (5.00%)	0 (0%)	3 (7.50%)	3 (7.50%)	1 (2.50%)	4 (10.00%)	1 (2.50%)	40
2个	6 (66.67%)	3 (33.33%)	0 (0%)	0 (0%)	2 (22.22%)	4 (44.44%)	0 (0%)	0 (0%)	0 (0%)	2 (22.22%)	0 (0%)	3 (33.33%)	0 (0%)	9
4个及以上	0 (0%)	0 (0%)	0 (0%)	0 (0%)	0 (0%)	0 (0%)	0 (0%)	0 (0%)	0 (0%)	0 (0%)	1 (100%)	0 (0%)	0 (0%)	1

注: 已有孩子数量为 3 个的样本数据均为"0",所以并未列在表格中。

表 6.19 已有孩子性别与再生育动机交叉分析

已有孩子性别	喜欢孩子	为了已有孩子有个伴	为了维系夫妻关系	担心失独风险	为了将来养老保障	想要儿女双全	满足配偶要求	满足孩子要求	满足长辈要求	传宗接代的需要	响应国家政策号召	体验更精彩的人生	其他原因(请注明)	小计
儿子	13 (65.00%)	13 (65.00%)	1 (5.00%)	2 (10.00%)	3 (15.00%)	8 (40.00%)	0 (0%)	0 (0%)	1 (5.00%)	2 (10.00%)	0 (0%)	4 (20.00%)	0 (0%)	20
女儿	11 (40.74%)	21 (77.78%)	1 (3.70%)	8 (29.63%)	2 (7.41%)	13 (48.15%)	2 (7.41%)	0 (0%)	2 (7.41%)	3 (11.11%)	1 (3.70%)	2 (7.41%)	1 (3.70%)	27
儿女双全	1 (33.33%)	0 (0%)	0 (0%)	0 (0%)	1 (33.33%)	0 (0%)	0 (0%)	0 (0%)	0 (0%)	0 (0%)	1 (33.33%)	1 (33.33%)	0 (0%)	3

表 6.20　对已有孩子满意情况与再生育动机交叉分析

对已有孩子满意情况	喜欢孩子	为了已有孩子有个伴	为了维系夫妻关系	担心失独风险	为了将来养老保障	想要儿女双全	满足配偶要求	满足孩子要求	满足长辈要求	传宗接代的需要	响应国家政策号召	体验更精彩的人生	其他原因（请注明）	小计
非常满意	19 (63.33%)	21 (70.00%)	1 (3.33%)	3 (10.00%)	2 (6.67%)	9 (30.00%)	2 (6.67%)	0 (0%)	2 (6.67%)	3 (10.00%)	1 (3.33%)	5 (16.67%)	0 (0%)	30
基本满意	5 (31.25%)	11 (68.75%)	1 (6.25%)	5 (31.25%)	4 (25.00%)	11 (68.75%)	0 (0%)	0 (0%)	1 (6.25%)	0 (0%)	0 (0%)	1 (6.25%)	1 (6.25%)	16
不太满意	1 (33.33%)	2 (66.67%)	0 (0%)	2 (66.67%)	0 (0%)	1 (33.33%)	0 (0%)	0 (0%)	0 (0%)	2 (66.67%)	0 (0%)	1 (33.33%)	0 (0%)	3
非常不满意	0 (0%)	0 (0%)	0 (0%)	0 (0%)	0 (0%)	0 (0%)	0 (0%)	0 (0%)	0 (0%)	0 (0%)	1 (100%)	0 (0%)	0 (0%)	1

案例中曾有因已有子女反对导致父母最终放弃了已怀孕孩子的案例。从本研究的调查数据来看，大部分样本的子女对其父母的再生育持"无所谓"的态度，持"反对"和"支持"态度的占比类似，均在 1/5 以上（图 6.1）。

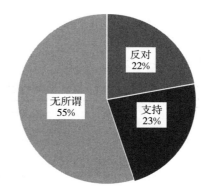

图 6.1　已有子女对父母再生育的态度

从交叉分析数据来看，已有子女的态度确实对样本的再生育选择造成较为明显的影响。已有子女持"反对"态度的样本中"会再生育"的比例不到 2%，大幅低于已有子女持"支持"态度的样本（16.39%）。样本"会再生育"的比例随已有子女态度的支持度上升而上升，"不会再生育"的比例随已有子女态度的支持度的降低而上升。因此，已有子女的态度成为人们再生育决策的重要影响因素（表 6.21）。

表 6.21　已有子女态度与再生育选择

已有子女态度	会再生育	不会再生育	不确定	小计
支持	10（16.39%）	44（72.13%）	7（11.48%）	61
无所谓	8（5.63%）	115（80.99%）	19（13.38%）	142
反对	1（1.75%）	52（91.23%）	4（7.02%）	57

2. 配偶态度与再生育选择

调查数据显示，多数样本的配偶对再生育持"无所谓"态度，但"反对"的比例明显大于"支持"，还有一小部分在"纠结"。从性别分类来看，女性样本的配偶"支持"再生育的比例更高，与男性更支持再生育的结论一致（图 6.2、表 6.22）。

从数据来看，配偶态度和已有子女态度对样本再生育决策造成的影响具有一致性。配偶"支持"再生育的样本中"会再生育"的比例明显最高，配偶持"反对"态度的样本中"不会再生育"

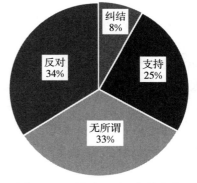

图 6.2　配偶对于再生育的态度

的比例明显最高，配偶持"无所谓"态度的样本中再生育的选择数据居中。而配偶处于"纠结"之中的样本选择"不确定"的比例也最高。可见，配偶态度对于样本再生育的决策起到较大的影响作用（表6.23）。

表6.22 不同性别样本的配偶对再生育的态度

性别	支持	无所谓	反对	纠结	小计
男	25（21.74%）	35（30.43%）	40（34.78%）	15（13.04%）	115
女	63（26.81%）	80（34.04%）	80（34.04%）	12（5.11%）	235

表6.23 配偶态度与再生育选择

配偶态度	会再生育	不会再生育	不确定	小计
支持	36（40.91%）	33（37.50%）	19（21.59%）	88
无所谓	15（13.04%）	80（69.57%）	20（17.39%）	115
反对	3（2.50%）	110（91.67%）	7（5.83%）	120
纠结	4（14.81%）	11（40.74%）	12（44.44%）	27

3. 长辈态度与再生育选择

调查中样本及配偶的长辈对其再生育的态度表现出明显的差异性，"支持"的比例略高于"无所谓"，"反对"的比例最低，还有一部分（19%）为"各人态度不一"的情况，即多个长辈持有不同的态度（图6.3）。

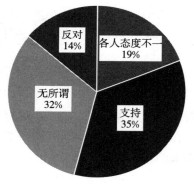

图6.3 长辈对于再生育的态度

与子女和配偶态度下的情况类似，长辈态度同样对人们再生育的选择具有影响力。获得长辈"支持"的群体"会再生育"的比例明显高于没有获得长辈"支持"的群体；而长辈持"反对"态度的样本中，"不会再生育"的比例最高（87.50%），大部分都"不会再生育"（表6.24）。

这一结果一方面是由于长辈意见对人们具有一定的影响力，另一方面是由于很多家庭依赖长辈参与照顾子女，长辈不支持意味着子女照料问题难以解决。

表 6.24　长辈态度与再生育选择

长辈态度	会再生育	不会再生育	不确定	小计
支持	75（48.39%）	47（30.32%）	33（21.29%）	155
无所谓	19（13.48%）	100（70.92%）	22（15.60%）	141
反对	1（1.56%）	56（87.50%）	7（10.94%）	64
各人态度不一	7（8.14%）	59（68.60%）	20（23.26%）	86

4. 子女照料情况的影响

统计数据显示，老人参与照顾子女的情况占多数（45.00%），其次为"夫妻双方共同照顾"的情况（43.85%）。交叉分析结果显示，完全由"老人照顾"子女的样本中"会再生育"的比例是较高的，"雇人照顾""夫妻一方专职＋老人照顾"和"夫妻一方专职＋雇人照顾"的样本群体"会再生育"的比例均为 0。除了样本数量极少的类型，"夫妻双方共同照顾"的群体中"不会再生育"的比例是最高的（表 6.25）。

表 6.25　子女照料情况与再生育选择交叉分析

子女照料情况	会再生育	不会再生育	不确定	小计
夫妻双方共同照顾	7（6.14%）	96（84.21%）	11（9.65%）	114
夫妻一方专职照顾	2（10.00%）	16（80.00%）	2（10.00%）	20
老人照顾	4（12.90%）	24（77.42%）	3（9.68%）	31
雇人照顾	0（0%）	2（66.67%）	1（33.33%）	3
夫妻一方专职＋老人照顾	0（0%）	12（80.00%）	3（20.00%）	15
夫妻一方专职＋雇人照顾	0（0%）	1（100%）	0（0%）	1
夫妻双方＋老人照顾	5（7.04%）	56（78.87%）	10（14.08%）	71
夫妻双方＋雇人照顾	1（20.00%）	4（80.00%）	0（0%）	5
合计				260

也就是说，老人是否能够提供子女照料方面的帮助对人们的再生育决策是具有较大影响的，这也印证了前面分析中长辈态度对再生育决策的影响。

小结

通过本章分析可以看出，家庭因素中对于生育意愿影响较为突出的变量依次为：父母关系、家人态度、已有孩子状况。

父母关系和谐程度与人们生育意愿呈明显正相关关系，父母关系的和谐很大程度上能够促进其子女的生育意愿的提升。已有子女、配偶和长辈等家人的态度对于人们再生育的意愿影响较大，任何一类家人的反对都会大幅降低人们的再生育意愿，长辈态度的影响最为明显。已有孩子状况的影响主要表现为，已有孩子为女儿的群体相对于已有孩子为儿子的群体更倾向于再生育；仅有女儿的样本相对于已有儿子的样本更期待再获得不同性别孩子，而且仅有女儿的样本更"担心失独风险"；对于已有孩子满意度较高的群体愿意再生育的比例较高。另外，能够获得老人帮忙照料子女的群体再生育意愿较高。

独生子女和非独生子女在生育意愿上的表现差异性不大。

第七章　经济因素影响下
的生育意愿差异

一、家庭收入情况与生育意愿

1. 家庭年收入情况与是否愿意生育

根据对比发现，每月可支配收入与生育意愿的交叉分析与家庭收入与生育意愿的交叉分析数据具有较强的一致性。因此，研究认为家庭收入情况与每月可支配收入对于生育意愿的影响存在一致性，数据分析仅针对家庭收入情况与生育意愿的关系进行。

从家庭年收入情况与是否愿意生育的交叉分析数据来看，大致表现出家庭收入越高愿意生育的比例越高的规律。其中家庭年收入为 30 万～50 万元的群体愿意生育的比例出现了不符合上述规律的波动，可能与样本的代表性问题有关，也可能是因为这部分群体处于中间收入阶层，其工作竞争较为激烈，工作压力也较大，因此对其生育意愿造成一定影响。另外，家庭年收入 100 万元以上的群体愿意生育的比例最低，应该是由于这部分群体工作繁忙程度较高，工作压力较大，相对于低收入群体来说，他们更加缺乏生育和养育孩子的时间和精力，而且由于这部分群体往往事业心相对较重，事业成功能够为其带来的个人成就感和满足感可能会超越家庭和孩子（表 7.1）。

表 7.1　家庭年收入与是否愿意生育交叉分析

家庭年收入	愿意生孩子	不愿意生孩子	小计
10 万元及以下	58（48.74%）	61（51.26%）	119
10 万～30 万元	105（58.01%）	76（41.99%）	181
30 万～50 万元	47（54.65%）	39（45.35%）	86
50 万～80 万元	25（69.44%）	11（30.56%）	36
80 万～100 万元	7（77.78%）	2（22.22%）	9
100 万元以上	7（46.67%）	8（53.33%）	15

2. 家庭年收入情况与理想的孩子数量

愿意生育的 249 个样本中，中等收入群体和较高收入群体的样本量均较少，都为 7 个，因此，在样本数据分析中仅作为参考。总的来看，较高收入群体中更大比例的人期待拥有更多数量的孩子。年收入为 50 万～80 万元、80 万～100 万元和 100 万元以上的 3 个群体中理想孩子数量为"3 个"的比例均超过年收入为 50 万元以下的 3 个群体。同时，理想孩子数量为"4 个及以上"的选择比例中，年收入为 50 万～80 万元和 100 万元以上的群体比例相对更高。年收入为 50 万元以上的群体期待仅拥有"1 个"孩子的比例明显低于年收入为 50 万元以下的群体（表 7.2）。

可见，经济收入在一定程度上影响着人们期望拥有的孩子数量，毕竟经济收入是孩子养育的重要基础。

表 7.2　家庭年收入情况与理想的孩子数量交叉分析

家庭年收入	1 个	2 个	3 个	4 个及以上	小计
10 万元及以下	15（25.86%）	39（67.24%）	2（3.45%）	2（3.45%）	58
10 万～30 万元	35（33.33%）	60（57.14%）	7（6.67%）	3（2.86%）	105
30 万～50 万元	15（31.91%）	29（61.70%）	3（6.38%）	0（0%）	47
50 万～80 万元	4（16.00%）	17（68.00%）	3（12.00%）	1（4.00%）	25
80 万～100 万元	1（14.29%）	5（71.43%）	1（14.29%）	0（0%）	7
100 万元以上	2（28.57%）	3（42.86%）	1（14.29%）	1（14.29%）	7

3. 家庭年收入情况与生育性别偏好

不同收入群体的性别偏好数据较为分散。总的看来，中间几个收入阶层"不在意性别"的比例较高，最低收入阶层和最高收入阶层相对更在意性别。较高年收入群体更期待"1 儿 1 女"。家庭年收入对于人们生育性别偏好的影响不显著（表 7.3）。

4. 家庭年收入情况与生育动机

不同收入阶层的生育动机数据显示，"喜欢孩子"的比例为中间收入群体最高，并向两侧依次降低，也就是说，收入最高和收入最低群体中因"喜欢孩子"而生育的比例低于其他收入阶层群体。年收入为 80 万～100 万元群体中更多人为了满足个人人生需求而生育，选择"认为有孩子人生才完整"和为了"体验更精彩的人生"的比例均为所有群体中最高，而且高出其他群体同一选择比例较多（85.71% 和 71.43%）（表 7.4）。

表 7.3　家庭年收入情况与生育性别偏好交叉分析

家庭年收入	至少 1 个儿子	至少 1 个女儿	1 儿 1 女	2 个以上儿子	2 个以上女儿	不同性别的更多孩子	不在意性别	小计
10 万元及以下	5 (8.62%)	8 (13.79%)	26 (44.83%)	2 (3.45%)	2 (3.45%)	8 (13.79%)	7 (12.07%)	58
10 万~30 万元	10 (9.52%)	18 (17.14%)	47 (44.76%)	2 (1.90%)	3 (2.86%)	4 (3.81%)	21 (20.00%)	105
30 万~50 万元	7 (14.89%)	5 (10.64%)	25 (53.19%)	0 (0%)	0 (0%)	1 (2.13%)	9 (19.15%)	47
50 万~80 万元	0 (0%)	3 (12.00%)	15 (60.00%)	0 (0%)	1 (4.00%)	1 (4.00%)	5 (20.00%)	25
80 万~100 万元	0 (0%)	1 (14.29%)	4 (57.14%)	0 (0%)	0 (0%)	0 (0%)	2 (28.57%)	7
100 万元以上	2 (28.57%)	2 (28.57%)	0 (0%)	0 (0%)	2 (28.57%)	0 (0%)	1 (14.29%)	7

表 7.4 家庭年收入情况与生育动机交叉分析

家庭年收入	喜欢孩子	认为有孩子人生才完整	为了维系夫妻关系	满足配偶或长辈的要求	为了将来养老	传宗接代的需要	随大流，不想成为异类	响应国家政策号召	体验更精彩的人生	其他原因	小计
10 万元及以下	29 (50.00%)	25 (43.10%)	5 (8.62%)	8 (13.79%)	12 (20.69%)	8 (13.79%)	3 (5.17%)	6 (10.34%)	10 (17.24%)	4 (6.90%)	58
10 万~30 万元	58 (55.24%)	54 (51.43%)	10 (9.52%)	20 (19.05%)	11 (10.48%)	13 (12.38%)	3 (2.86%)	5 (4.76%)	36 (34.29%)	2 (1.90%)	105
30 万~50 万元	31 (65.96%)	27 (57.45%)	5 (10.64%)	8 (17.02%)	2 (4.26%)	3 (6.38%)	3 (6.38%)	1 (2.13%)	17 (36.17%)	2 (4.26%)	47
50 万~80 万元	17 (68.00%)	13 (52.00%)	3 (12.00%)	4 (16.00%)	3 (12.00%)	4 (16.00%)	0 (0%)	2 (8.00%)	7 (28.00%)	1 (4.00%)	25
80 万~100 万元	4 (57.14%)	6 (85.71%)	1 (14.29%)	1 (14.29%)	2 (28.57%)	0 (0%)	0 (0%)	0 (0%)	5 (71.43%)	0 (0%)	7
100 万元以上	3 (42.86%)	3 (42.86%)	2 (28.57%)	1 (14.29%)	0 (0%)	0 (0%)	2 (28.57%)	1 (14.29%)	2 (28.57%)	0 (0%)	7

在"响应国家政策号召"的数据方面，大致表现出年收入越低比例越高的趋势，也就是说，年收入越低的群体越可能在生育方面响应国家政策号召。同时，"养老"和"传宗接代"的数据也大致表现出随年收入上升而下降的趋势，即收入越低的群体以家庭和家族原因为生育动机的所占比例也越多。一定程度上说明，收入越低的群体，其生育越容易受到外在因素的影响，而收入越高的群体，其生育的自主性越强。

二、家庭资产状况与生育意愿

家庭资产状况与上一部分内容中的家庭收入情况共同组成本研究中的家庭经济情况变量，为了章节结构的整齐性和清晰性，分为两个部分进行分析。由于流动资产与家庭收入相关性较强，本研究所涉及的家庭资产状况仅包括家庭房产和车辆两项固定资产的状况。

1. 家庭资产状况与生育选择

（1）家庭房产状况与生育选择

研究中房产状况以家庭自有产权住房的数量为指标。从交叉分析表数据可以看出，除了"没有自有产权住房"的群体，拥有 1～3 套以上自有产权住房的 3 个群体中愿意生育的比例随拥有自有产权住房的数量而上升，所有类型中，拥有 3 套以上自有产权住房的群体愿意生育的比例最高（表 7.5）。

表 7.5　家庭房产状况与生育选择交叉分析

家庭房产状况	愿意生孩子	不愿意生孩子	小计
没有自有产权住房	66（59.46%）	45（40.54%）	111
自有产权住房 1 套	103（51.76%）	96（48.24%）	199
自有产权住房 2 套	52（55.91%）	41（44.09%）	93
自有产权住房 3 套以上	28（65.12%）	15（34.88%）	43

（2）家庭车辆拥有状况与生育选择

车辆可以说是社会普通大众家庭中与家庭生活关联度仅次于房产的固定资产，之所以将车辆拥有情况作为生育意愿分析中评价家庭经济状况的指标之一是因为：一方面由于车辆拥有情况是家庭经济状况的重要组成部分，但由于买车摇号政策的实施，拥有车辆情况与家庭收入又并非直接相关；另一方面由于车辆给家庭子女养育带来较大的便利性，从而可能会给生育决策带来一定的影响。据研究者所知，确实有家庭由于没有车辆而选择减少生育数量的情况（表7.6）。

表7.6　家庭拥有车辆状况与生育选择交叉分析

家庭车辆状况	愿意生孩子	不愿意生孩子	小计
没有车辆	63（52.94%）	56（47.06%）	119
拥有1辆车	126（57.80%）	92（42.20%）	218
拥有2辆车以上	60（55.05%）	49（44.95%）	109

从车辆拥有情况与生育选择的交叉分析表来看，有车群体中愿意生育的比例高于无车群体。因为在现实生活中，生育和养育孩子的诸多环节都涉及交通问题，例如怀孕过程中高达几十次的常规产前检查，加之可能出现突发状况紧急送医的情况，如果没有私家车辆，会为整个怀孕过程带来较大的不便。子女养育过程中，亲子旅游、上学接送、子女就医等多类事项中都涉及交通问题，特别是子女幼儿时期，没有私家车辆情况下的出行是极为不便的。因此，是否拥有车辆会对人们的生育决策具有一定影响。而当前买车摇号政策的实行又在很大程度上限制了部分具有买车能力的家庭的车辆拥有情况。

2. 家庭资产状况与理想的孩子数量

从家庭拥有房产情况与理想的孩子数量的交叉分析数据来看，在理想的孩子数量为1～2个的选项中，数据规律性不甚明显。总体而言，拥有自有产权住房的样本期待"1个"孩子的比例高于没有自有产权住房的样本，没有自有产权住房的样本期待"2个"孩子的比例最高。而在"3个"孩子的选项上，拥有2套自有产权住房的样本期待拥有3个孩子的比例最高，没有自有产权住房的样本这一比例最低（表7.7）。

表7.7　家庭房产状况与理想的孩子数量交叉分析

家庭房产状况	1个	2个	3个	4个及以上	小计
没有自有产权住房	15（22.73%）	48（72.73%）	2（3.03%）	1（1.52%）	66
自有产权住房1套	33（32.04%）	63（61.17%）	4（3.88%）	3（2.91%）	103
自有产权住房2套	14（26.92%）	27（51.92%）	9（17.31%）	2（3.85%）	52
自有产权住房3套以上	10（35.71%）	15（53.57%）	2（7.14%）	1（3.57%）	28

家庭拥有车辆情况与理想的孩子数量交叉数据与房产情况相关数据表现出一定的相似性，家庭拥有车辆越多的样本期待拥有"3个"孩子的比例越高（表7.8）。

表 7.8　家庭拥有车辆状况与理想的孩子数量交叉分析

家庭拥有车辆状况	1个	2个	3个	4个及以上	小计
没有车辆	23 (36.51%)	36 (57.14%)	2 (3.17%)	2 (3.17%)	63
拥有1辆车	30 (23.81%)	84 (66.67%)	9 (7.14%)	3 (2.38%)	126
拥有2辆车以上	19 (31.67%)	33 (55.00%)	6 (10.00%)	2 (3.33%)	60

3. 家庭资产状况与生育性别偏好

不同家庭房产情况的样本在性别偏好方面的差异主要体现在有 3 套以上自有产权住房的群体不在意性别的比例最高，期望拥有"至少 1 个儿子"和"2 个以上女儿"的比例也分别最高。各类样本数据总体上差异不大（表 7.9）。

表 7.9　家庭房产状况与生育性别偏好交叉分析

家庭房产状况	至少1个儿子	至少1个女儿	1儿1女	2个以上儿子	2个以上女儿	不同性别的更多孩子	不在意性别	小计
没有自有产权住房	7 (10.61%)	9 (13.64%)	30 (45.45%)	1 (1.52%)	3 (4.55%)	3 (4.55%)	13 (19.70%)	66
自有产权住房1套	11 (10.68%)	17 (16.50%)	49 (47.57%)	2 (1.94%)	2 (1.94%)	8 (7.77%)	14 (13.59%)	103
自有产权住房2套	3 (5.77%)	9 (17.31%)	25 (48.08%)	1 (1.92%)	1 (1.92%)	3 (5.77%)	10 (19.23%)	52
自有产权住房3套以上	3 (10.71%)	2 (7.14%)	13 (46.43%)	0 (0%)	2 (7.14%)	0 (0%)	8 (28.57%)	28

车辆拥有情况与性别偏好的数据同样不具有明显的规律性，总体上来看，拥有车辆的样本期待拥有"1 儿 1 女"的比例高于没有车辆的样本，没有车辆的样本更加不在意生育性别（表 7.10）。

表 7.10　家庭拥有车辆状况与生育性别偏好交叉分析

家庭拥有车辆状况	至少1个儿子	至少1个女儿	1儿1女	2个以上儿子	2个以上女儿	不同性别的更多孩子	不在意性别	小计
没有车辆	9 (14.29%)	10 (15.87%)	22 (34.92%)	2 (3.17%)	3 (4.76%)	3 (4.76%)	14 (22.22%)	63

（续）

家庭拥有车辆状况	至少1个儿子	至少1个女儿	1儿1女	2个以上儿子	2个以上女儿	不同性别的更多孩子	不在意性别	小计
拥有1辆车	9 (7.14%)	19 (15.08%)	66 (52.38%)	2 (1.59%)	2 (1.59%)	8 (6.35%)	20 (15.87%)	126
拥有2辆车以上	6 (10.00%)	8 (13.33%)	29 (48.33%)	0 (0%)	3 (5.00%)	3 (5.00%)	11 (18.33%)	60

4. 家庭资产状况与生育动机

从生育动机上来看，不同家庭房产情况的数据（表7.11）总体上不具有明显规律。拥有2套自有产权住房的样本以"喜欢孩子"和"认为有孩子人生才完整"为生育动机的比例最高，拥有3套以上房产的样本以"为了维系夫妻关系"和"满足配偶或长辈的要求"为生育动机的比例最高。拥有1套房产的样本在"响应国家政策号召"方面表现更为突出。总体上看，是否拥有自有产权住房和拥有自有产权住房的数量并未导致生育动机上明显的规律性差异，也就是说，房产情况对于生育动机的影响不明显。

家庭拥有车辆状况与生育动机的交叉分析数据（表7.12）同样不具明显的规律性。"拥有2辆车以上"的样本"满足配偶或长辈的要求"的比例最高，"响应国家政策号召"的比例最低。"没有车辆"的样本"为了将来养老"的比例最高。

小结

通过本章分析得出，经济因素对于生育意愿的影响较为明显。总体上看，家庭年收入与生育意愿呈正相关关系，收入较高群体愿意生育的比例较高，愿意生育子女数量也较高；家庭年收入较低群体更愿意响应国家政策号召。家庭资产情况同样与生育意愿呈正相关关系，家庭拥有自有产权住房数量越多的群体愿意生育的比例越高，家庭拥有车辆群体愿意生育的比例明显高于家庭没有车辆的群体。经济因素对于生育性别偏好和生育动机的影响并不明显。

表 7.11　家庭拥有房产状况与生育动机交叉分析

家庭拥有房产状况	喜欢孩子	认为有孩子人生才完整	为了维系夫妻关系	满足配偶或长辈要求	为了将来养老	传宗接代的需要	随大流，不想成为异类	响应国家政策号召	体验更精彩的人生	其他原因	小计
没有自有产权住房	36 (54.55%)	34 (51.52%)	5 (7.58%)	12 (18.18%)	10 (15.15%)	6 (9.09%)	2 (3.03%)	4 (6.06%)	21 (31.82%)	3 (4.55%)	66
自有产权住房1套	59 (57.28%)	51 (49.51%)	11 (10.68%)	17 (16.50%)	15 (14.56%)	13 (12.62%)	3 (2.91%)	10 (9.71%)	28 (27.18%)	3 (2.91%)	103
自有产权住房2套	36 (69.23%)	30 (57.69%)	4 (7.69%)	6 (11.54%)	3 (5.77%)	7 (13.46%)	3 (5.77%)	0 (0%)	15 (28.85%)	2 (3.85%)	52
自有产权住房3套以上	11 (39.29%)	13 (46.43%)	6 (21.43%)	7 (25.00%)	2 (7.14%)	2 (7.14%)	3 (10.71%)	1 (3.57%)	13 (46.43%)	1 (3.57%)	28

表 7.12　家庭拥有车辆状况与生育动机交叉分析

家庭拥有车辆状况	喜欢孩子	认为有孩子人生才完整	为了维系夫妻关系	满足配偶或长辈要求	为了将来养老	传宗接代的需要	随大流，不想成为异类	响应国家政策号召	体验更精彩的人生	其他原因	小计
没有车辆	35 (55.56%)	30 (47.62%)	6 (9.52%)	10 (15.87%)	13 (20.63%)	6 (9.52%)	1 (1.59%)	4 (6.35%)	13 (20.63%)	3 (4.76%)	63
拥有1辆车	77 (61.11%)	66 (52.38%)	13 (10.32%)	15 (11.90%)	9 (7.14%)	16 (12.70%)	7 (5.56%)	10 (7.94%)	44 (34.92%)	3 (2.38%)	126
拥有2辆车以上	30 (50.00%)	32 (53.33%)	7 (11.67%)	17 (28.33%)	8 (13.33%)	6 (10.00%)	3 (5.00%)	1 (1.67%)	20 (33.33%)	3 (5.00%)	60

第八章　社会因素对于生育
意愿的影响

由于生育鼓励态度和措施出现于生育政策调整之后，更多针对于已生育群体的再生育行为的推动，因此在本章中除了分析总体上的生育意愿情况，增加了对于已生育群体再生育意愿的分析。

一、工作单位的影响

1. 单位态度的影响

工作单位对于员工生育的态度意味着生育可能对于人们事业发展的影响，因此人们的生育选择不可避免会受到单位态度的影响。表 8.1 数据显示，工作单位对员工生育的态度与人们生育选择呈明显的正相关关系，即在单位"支持鼓励"的态度下"愿意生孩子"的比例最高，单位"没有特别态度"的情况下次之，单位"不希望员工生孩子影响工作"的态度下"愿意生孩子"的比例最低（表 8.1）。

表 8.1　单位态度与生育选择

单位态度	愿意生孩子	不愿意生孩子	小计
支持鼓励	74（63.79%）	42（36.21%）	116
没有特别态度	164（54.67%）	136（45.33%）	300
不希望员工生孩子影响工作	11（36.67%）	19（63.33%）	30

基于事业的重要性，人们对于本身可选择性比较强的再生育的决策可能会更多受到单位态度的影响。从交叉分析数据来看，单位"不希望员工生孩子影响工作"的样本选择再生育的比例是最低的，拒绝再生育的比例则是最高的，甚至"不确定"的比例都是最低的。在单位的负向态度下人们愿意再生育的比例仅为单位正向态度下的一半左右。可见，工作单位的态度对人们再生育的影响相较于总体生育意愿更大（表 8.2）。

表 8.2　单位态度与再生育选择

单位态度	会再生育	不会再生育	不确定	小计
支持鼓励	30（25.86%）	64（55.17%）	22（18.97%）	116
没有特别态度	68（22.67%）	177（59.00%）	55（18.33%）	300
不希望员工生孩子影响工作	4（13.33%）	21（70.00%）	5（16.67%）	30

2. 单位鼓励措施的影响

虽然单位对于员工的生育态度与人们再生育决策的关联性较强，但单位鼓励生育措施的实施在数据上并未表现出明显的关联性。单位在采取或没有采取生育鼓励措施的情况下人们生育（表 8.3）和再生育（表 8.4）决策的数据差异均不明显。这一结果应该在一定程度上与单位所采取措施力度较小有关系。

表 8.3　单位鼓励生育措施与生育选择交叉分析

单位鼓励生育措施	愿意生孩子	不愿意生孩子	小计
有	50（56.18%）	39（43.82%）	89
没有	199（55.74%）	158（44.26%）	357

表 8.4　单位鼓励生育措施与再生育选择交叉分析

单位鼓励生育措施	会再生育	不会再生育	不确定	小计
有	21（23.60%）	54（60.67%）	14（15.73%）	89
没有	81（22.69%）	208（58.26%）	68（19.05%）	357

二、社区的影响

从数据来看，社区鼓励生育措施对于人们生育决策影响不明显，社区是否采取生育鼓励措施基本未造成样本生育和再生育选择数据上的差异。也就是说，目前社区所采取措施未对人们的生育意愿带来影响（表 8.5、表 8.6）。

表 8.5　社区鼓励生育措施采取情况与生育选择交叉分析

社区鼓励生育措施	愿意生孩子	不愿意生孩子	小计
有	61（51.69%）	57（48.31%）	118
没有	188（57.32%）	140（42.68%）	328

表 8.6　社区鼓励生育措施采取情况与再生育决策交叉分析

社区鼓励生育措施	会再生育	不会再生育	不确定	小计
有	27（22.88%）	70（59.32%）	21（17.80%）	118
没有	75（22.87%）	192（58.54%）	61（18.60%）	328

三、社会保障和社会支持产生的影响

1. 生育保障政策的享受和评价

（1）生育保障政策的享受情况

我国现行生育保障政策和生育相关优惠政策主要包括生育保险、生育津贴、产假以及个人所得税专项扣除中的子女教育和幼儿照顾内容，但对于这些社会普遍认知的保障政策和措施，已生育群体的享受度并未达到100%。调查中，只有53%的已生育群体认为自己享受过生育保障政策（图8.1）。

从城乡区域划分来看，没有享受到生育保障政策的主要为农村群体，占到农村已生育群体总数的83.02%。同时，生活在城市

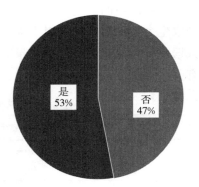

图 8.1　已生育群体是否享受
生育保障政策情况

的已生育群体也有超过 1/3 的比例认为自己没有享受到生育保障政策（表8.7）。

表 8.7　城市和农村生活群体是否享受生育保障政策情况

地域	是	否	小计
城市	129（62.32%）	78（37.68%）	207
农村	9（16.98%）	44（83.02%）	53

从已享受生育保障政策群体的政策享受情况来看，生育保险和产假作为最基本的生育保障政策，享受比例均不到80%；个人所得税专项扣除和生育津贴的享受比例更低。个人所得税专项扣除的享受需达到纳税标准，生育津贴的发放与工作单位职工平均工资相关，因此，这两项政策的享受可能在不同群体间存在较大的差异性（表8.8）。

表 8.8 生育相关保障政策和措施享受情况

相关保障政策和措施	小计	比例
生育保险	126	77.30%
生育津贴	100	61.35%
产假	130	79.75%
个人所得税专项扣除的子女教育和幼儿照顾项目	105	64.42%
其他	2	1.23%
合计	163	

（2）对生育保障政策的评价

从样本评价情况来看，人们对于当前生育保障政策的满意度并不高。表示"满意"的仅占 22%，"不满意"的达到 35%，还有 43% 的样本表示"不了解"相关政策（图 8.2）。分析发现，"不了解"的群体不仅包括未生育群体，已生育群体中同样有 1/3 左右的比例不了解生育相关保障政策。

而对生育相关保障政策不满意的原因主要集中于"缺少针对子女养育方面的福利""产假时间不足""缺少针对子女教育方面的福利"

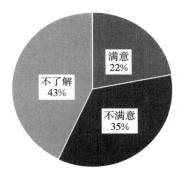

图 8.2 样本对于当前生育保障政策的满意度

"生育养育社会服务不足"，其次是"针对产后女性的职业保障不足"和"生育保险额度太低"。同时，对于"产前检查成本太高""医院建档困难""税收减免额度太低""针对孕妇和幼儿的公共设施不完善"也都有一定的选择比例（表 8.9）。从这一数据结果来看，我国现有生育保障政策严重不能满足人们的生育需要：一方面，已有保障的程度不足；另一方面，人们大量需要的相关保障政策和措施存在缺失。

2. 对生育保障政策的满意度与生育意愿

对于现有生育保障政策的满意度一定程度上影响了人们生育和再生育的决策。从对生育保障政策满意度和生育选择的交叉分析来看，对现有生育政策不满意的群体"愿意生孩子"的比例低于对政策"满意"的群体（表 8.10）。

表 8.9　对生育保障政策不满意的原因

原因	小计	比例	
生育保险额度太低	89		19.96%
产假时间不足	136		30.49%
医院建档困难	50		11.21%
产前检查成本太高	65		14.57%
生育养育社会服务不足	120		26.91%
针对孕妇和幼儿的公共设施不完善	45		10.09%
针对产后女性的职业保障不足	106		23.77%
税收减免额度太低	48		10.76%
缺少针对子女养育方面的福利	137		30.72%
缺少针对子女教育方面的福利	120		26.91%
其他	69		15.47%
合计	446		

表 8.10　对生育保障的满意度与生育选择

对生育保障的满意度	愿意生孩子	不愿意生孩子	小计
满意	58（59.79%）	39（40.21%）	97
不满意	81（52.26%）	74（47.74%）	155
不了解	110（56.70%）	84（43.30%）	194

　　这一数据现象在再生育群体中表现更为明显，对现有生育政策"不满意"的群体选择再生育的比例大幅低于对现有政策"满意"的群体，而且有更大比例的"不确定"群体。可见，相关保障政策对于人们生育意愿的总体影响是比较明显的（表 8.11）。

表 8.11　对生育保障的满意度与再生育选择

对生育保障的满意度	会再生育	不会再生育	不确定	小计
满意	23（23.71%）	65（67.01%）	9（9.28%）	97
不满意	25（16.13%）	102（65.81%）	28（18.06%）	155
不了解	54（27.84%）	95（48.97%）	45（23.20%）	194

3. 生育保障政策可能的促进作用

通过前面分析可知，对于生育保障政策的满意度在很大程度上会影响人们的生育意愿，那么政策措施的完善或改进是否能够提升人们的生育意愿？针对这一问题，研究在问卷中设计了"提供下面哪个条件最能促进您生育或再生育孩子"的问题，通过表8.12的回答情况可知，超过1/3的群体在满足其"经济上的补贴或优惠"需求时会促进其生育意愿的提升。同时，"子女教育负担的减轻""育儿照料相关服务""生育后的职业保障""生育、养育假期的延长"也都成为可能提升生育意愿的保障措施。也就是说，完善和改进我们的生育保障政策和措施对促进人们的生育意愿将起到较大的鼓励作用。下一章将继续深入讨论生育保障措施完善和改进的可行途径。

表 8.12　最可能促进生育意愿的生育保障政策措施占比

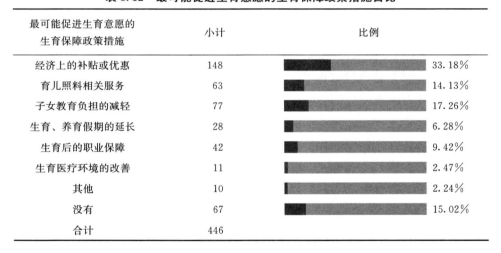

最可能促进生育意愿的 生育保障政策措施	小计	比例
经济上的补贴或优惠	148	33.18%
育儿照料相关服务	63	14.13%
子女教育负担的减轻	77	17.26%
生育、养育假期的延长	28	6.28%
生育后的职业保障	42	9.42%
生育医疗环境的改善	11	2.47%
其他	10	2.24%
没有	67	15.02%
合计	446	

小结

通过本章分析可知，社会因素同样对人们的生育意愿形成较大影响，其中主要体现在工作单位态度和生育保障措施这两类变量上。工作单位态度对于人们的生育意愿具有显著影响，工作单位对于职工生育的鼓励能较大程度提升职工的生育意愿和再生育意愿。人们对于生育保障政策的满意度对人们生育意愿的影响较为明显，生育相关保障政策和措施的完善很可能促使人们生育意愿和再生育意愿的有效提升。

第九章　生育意愿提升的
可能性及途径

　　通过前面章节的现状阐述和影响因素分析，研究对于当前人们的生育意愿情况及其影响因素获得了一定的了解，那么在这一基础上，是否能够以及如何提升人们的生育意愿？研究者依据已有研究发现进行了一定的探讨，希望能够提供些许有意义的见解。

一、生育意愿现状能否改变

　　从本研究对婚姻的分析可知，当前社会人们的价值观多样化程度较高，婚姻对于很多人来说都不再是人生的必需品。而婚姻与生育的关联度较高，拒绝婚姻的人中大部分同样拒绝生育，而期待婚姻的人群中同样有接近 1/4（24.39%）的比例不愿意生育。同样，已婚且尚未生育的人群中拒绝生育的比例也达到将近 1/5（19.23%）。可见，生育对很多人来说不再是生活的必需品，同样也不再是婚姻的必需品。那么，在本研究计算结果显示的平均理想子女数量仅为 1.02 个的现状下，人们的生育意愿是否还有改变的可能性？我们需要从不同群体的态度和生育意愿的各类型影响因素出发进行探讨。

1. 人们对于生育的总的看法

　　问卷中询问了人们对于生孩子的总的看法，认为"现代人没必要生孩子"的占比为 8.52%，远远低于不愿意生孩子的样本比例 44.17%，主流的意见是理性进行生育决策。也就是说，拒绝生育的群体中大部分并非因为主观的不喜欢或不需要，而是由于客观因素的限制或影响。从生育意愿影响因素分析部分的结果也可以看出，影响人们生育意愿的更多是来自于个体、家庭或社会的客观因素。那么，客观影响因素的调整将给改善生育意愿带来希望（表 9.1）。

表 9.1　人们对于生孩子的总体态度

态度	小计	比例	
多子多福，能生就应该多生	45		10.09%
孩子有就行了，多了是负担	108		24.22%
现代人没必要生孩子	38		8.52%
理性选择分析，确定生几个	255		57.17%
合计	446		

2. 经济因素的影响力

前述分析中已经确认，经济因素成为限制人们生育意愿的最为直观的因素，拒绝生育或再生育的群体多是受到子女养育成本的影响。调查中了解了人们对于子女养育的总体态度，大部分人（85.21%）认为需要对孩子进行培养，38.57%的被调查者认为孩子"生了就要花费精力，倾力培养成才"。这也为子女养育的高成本打下了坚实的基础（表 9.2）。

表 9.2　人们对于子女养育的总体态度

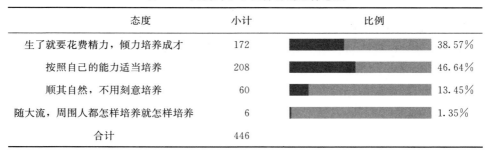

态度	小计	比例	
生了就要花费精力，倾力培养成才	172		38.57%
按照自己的能力适当培养	208		46.64%
顺其自然，不用刻意培养	60		13.45%
随大流，周围人都怎样培养就怎样培养	6		1.35%
合计	446		

调查数据显示，已有孩子的 260 个样本中，孩子报名参加兴趣班或特长班的比例超过一半（55.77%），如果除去部分样本孩子年龄较小的情况，适龄子女进行兴趣班或特长班投入的比例肯定会更高。从人们养育子女的经济成本来看，高投入群体所占比例并不低，教育投入中，每年投入 3 万元以上的将近1/5，养育投入中，每年投入 5 万元以上的达到 15.00%。每年对子女教育投入 10 000 元以上的超过 60%，每年子女养育投入超过 20 000 元的达到将近一半（48.85%）（表 9.3）。按照中位数计算[①]的教育平均投入为每年 14 942 元，

① 3 万元以上按照 3 万元计算，5 万元以上按照 5 万元计算。

养育平均投入为每年 23 250 元。而由于计算的保守性和可能发生的预测外投入，子女教育和养育的实际成本还可能更高。

表 9.3　子女每年的教育和养育投入情况

教育投入			养育投入		
额度	小计	比例	额度	小计	比例
5 000 元以下	66	25.38%	10 000 元以下	67	25.77%
5 001～10 000 元	37	14.23%	10 001～20 000 元	66	25.38%
10 001～15 000 元	40	15.38%	20 001～30 000 元	47	18.08%
15 001～20 000 元	28	10.77%	30 001～40 000 元	25	9.62%
20 001～25 000 元	24	9.23%	40 001～50 000 元	16	6.15%
25 001～30 000 元	15	5.77%	50 000 元以上	39	15.00%
30 000 元以上	50	19.23%			
合计	260			260	

当前社会形势下，对于子女的养育很难独善其身。子女培养上的高投入折射出将来子女成年后的高竞争压力，几乎没有人希望自己的子女在将来的竞争中失败，能做到佛系的父母少之又少。因此，人们对于生育的决策越来越理性，除了分析自身能力、财力基础，还必须考虑人力和精力的因素。

3. 人力不足的限制

子女的生育、养育过程不仅需要大量的经济成本投入，人力和精力更是不可或缺的关键因素。从人们不愿意生育和不愿意再生育的原因中均可发现，子女照料方面的人力不足、时间精力不够等都成为阻碍人们生育或再生育的重要原因。

从前述对于子女照料情况的分析中可知，当前社会中家庭子女照料的主要模式有 4 种：一是夫妻双方共同照顾子女；二是老人参与子女照顾；三是夫妻一方专职照顾子女；四是雇人参与子女照顾。如果在夫妻双方均工作的情况下，对于已上学（包括幼儿园）的子女的照顾由夫妻双方共同进行是有可能实现的，当然，这也要求夫妻至少有一方工作忙碌程度不高或工作时间比较灵活，否则无法满足子女的上学接送要求。很多人会借助校外托管机构的帮助，但这一方面增加了养育成本，另一方面也增加了安全隐患。但是在子女 3 周岁之前的阶段，特别是 1 周岁以内，需要专门人员长期陪护，此时如果夫妻双方均在工作，就需要借助其他人力的帮助。因此，老人参与子女照顾，特别是幼儿阶段子女照顾，在我国成为子女养育的常态模式。研究数据显示，老人参与子女照顾的比例达到 45%，针对幼儿子女家庭的这一数据应会更高。虽然雇人参与子女照顾也越来越被人们所接受，但雇佣人员的来源的可靠性、能力及人品的可信度、性格和习惯的可接受度等都成为子女照料人员雇佣过程中面临的难题，对大量期望雇工的家庭造成困扰。加之保姆虐待儿童事件不断被曝出，子女照料人员的雇佣更加成为问题。

4. 年龄和身体的制约

现代社会晚婚、晚育已经成为一种普遍现象，特别是在大城市，当人们结束学业、稳定事业之后进入婚姻时，往往都已经成为传统观念中的大龄甚至高龄，高学历群体普遍晚婚晚育。硕士研究生毕业的学生大多已经 24～25 周岁，正常状态下工作稳定，做好一切准备结婚后，面临生育时也基本接近 30 岁了，如果再遇到寻找伴侣不顺利或其他情况，生育年龄很可能超过 30 岁。博士毕业的人们平均婚育年龄则更为靠后，正常博士毕业都在 28～30 岁了，生育更可能在 30 岁之后。除了高学历群体，还有大量中低学历人群因各种原因面临晚婚晚育问题。晚育加之环境、压力等各种因素带来了不孕或难孕问题，成为困扰一部分原本期待生育的群体生育意愿减弱的重要原因。虽然现代医学技术能够在很大程度上解决这一难题，但其过程成本较高，同时也充满艰辛。一方面，人工授精、试管婴儿等生殖辅助技术的成本相当高，一次周期过程的花费可能在上万元至几万元不等，很多人难以一次成功，可能需要经历 2～3 次，甚至更多次医疗过程，花费十几万甚至几十万元的费用；另一方面，生育辅助技术实施的要求较高，需要接受者大量的时间、精力的保证，比自然孕育子女对工作的影响更大。在对人们不愿意生育原因的调查中，选择年龄和身体原因的达到 43.15%，而在不愿意再生育的原因选择中，年龄身体原因则占到了 59.71%。

二、提升不同类型人群生育意愿的可能途径

通过以上分析，部分人群的生育意愿受到经济、人力、年龄和身体等方面的客观因素的限制，如果能够通过相关政策或措施的支持解决阻碍问题，则很有可能提升这部分人群的生育意愿，促进生育行为。从第八章对于生育保障政策的分析部分可知，完善和改进生育保障政策措施能够促进人们的生育意愿和生育行为。根据被调查者的意见，可完善或增加的生育支持政策措施如表 9.4 所示。

表 9.4 人们对于应采取生育支持的政策措施及占比

生育支持政策措施	小计	比例
实施与子女数量相关的家庭生活补贴	242	54.26%
延长妇女产假	187	41.93%
对生育后女职工就业提供保护和支持	184	41.26%
提供更完善的生育、养育社会服务	163	36.55%
实施"育儿假"政策	159	35.65%
延长丈夫陪产假	151	33.86%
提高义务教育质量的地区平衡性	126	28.25%
提供更好的社会养老保障	115	25.78%
为多子女家庭提供住房方面的优惠或支持	114	25.56%
提高针对子女养育的税收优惠	62	13.90%
将辅助生殖（生殖相关检查、人工授精、试管婴儿等）医学服务纳入医保	41	9.19%
改善孕检及生育的医疗服务环境	39	8.74%
为孕妇及哺乳期妇女提供更多社会基础设施便利	38	8.52%
降低孕检及生育的医疗服务费用	35	7.85%
其他	19	4.26%
合计	446	

人们对于生育支持政策措施的建议最为集中的是"实施与子女数量相关的家庭生活补贴""延长妇女产假"和"对生育后女职工就业提供保护和支持"。这三项对应着限制人们生育意愿的经济和人力因素，同时包含了对女性权益的保护。

依据对被调查者的建议和研究中对于生育意愿影响因素的分析，提出如下生育支持政策措施的完善和改进措施。

1. 提升经济上的支持和优惠力度

（1）对困难家庭提供专门的生育和养育经济补贴

既然经济因素作为影响人们生育意愿的重要因素，那么在政策支持方面首先应该关注经济因素。当然，我国当前的社会负担较重，财政资金并不充裕，但可以由各地方的差异化实施生育和养育方面的经济补贴措施。针对经济困难的群体，提供孕期检查和生育服务方面的专门补贴。针对子女养育存在经济缺口的群体，提供婴幼儿食品、衣物和养护用品的专门补贴。通过补贴的提供降低由于生育和养育的经济成本带来的生育意愿障碍。

（2）为多子女家庭提供住房支持和优惠

从生育意愿分析部分可知，当前人们的主流生育数量为 1～2 个，愿意生育 3 个及以上数量子女的比例极小，且拥有住房的数量与人们的意愿呈正相关关系。在此基础上，可以尝试出台相关措施，为多子女家庭提供住房方面的支持和优惠，例如公租房的提供，自住型商品房购买方面的优势，或者其他住房资格或租金方面的优惠措施，从而发挥住房变量对于生育意愿的正向影响作用。

（3）提升个人所得税制度中对于子女养育和教育方面的优惠力度

每个子女当前的个人所得税专项扣除中的子女教育项目每年的扣除标准为 12 000 元，即每月 1 000 元；3 岁以下婴幼儿照护项目同样是每个婴幼儿每月 1 000 元，每年总共扣除 12 000 元的标准。实际上这一标准相对于子女教育成本和婴幼儿照护成本来说都太低了。而且对于 3 岁以上子女，除了教育费用之外还有养育费用，因此还应继续扣除子女照护额度。

依据研究者的经验，无论是 3 岁以下婴幼儿的照护还是 3 岁以上子女的养育和教育，每个子女的个人所得税专项扣除应该在 3 000 元/月以上的标准才具备鼓励意义，而且应该按照子女个数的增加将所增加子女的扣除标准递增，例如，第 1 个子女的每月扣除标准为 3 000 元，第二个子女每月扣除标准为 4 000 元，第 3 个子女每月扣除标准为 5 000 元。

（4）将辅助生育医学服务纳入医保

医学辅助生育在当今社会愈发普遍，人们的认知度和应用度都在不断上升，但其高成本依然令很多普通人望而却步。为了满足部分不孕和难孕群体生育意愿的实现，将辅助生育医疗服务纳入医保，或部分纳入医保成为大量有需求群体的期待。如果牙齿种植能够成为医保范围内的医疗服务，那么对于整个社会、整个国家具有伟大意义的人口的辅助生育医疗服务又有什么理由被拒于医保之外呢？相信这一举措将极大鼓励不孕和难孕群体的生育意愿和生育行为。可以由各地方依据财政能力自主差异化实施。

2. 完善生育假期制度

（1）延长产假

我国的产假政策规定，女性正常的产假是 98 天，难产增加 15 天，生育多胞胎的，每多生育 1 个婴儿增加 15 天。也就是说，对于大多数女性来说，正常生育后不到 4 个月就要结束产假继续工作。但我们都知道，3 个多月的婴儿还面临着对全程照料陪伴的高度需求，母亲的离开显然给新生儿的照料陪伴带来较大的难题。

产假延长是大多数已生育或将生育女性的期待。如果能够将产假延长至 6 个月，给予生育女性足够的时间照料新生儿到身体和精神都成长到更为稳固的半岁阶段，相信会在很大程度上提升已生育群体的再生育意愿。

（2）延长陪产假

所谓"丧偶式"育儿的说法在社会上的流行绝非人们故意的调侃和玩笑，而是现实中很多家庭育儿中男性角色的缺失造成的女性的悲哀。前面数据分析中显示了女性生育意愿明显低于男性的结果，也侧面说明了女性在子女养育中的压力更大。当然，这一现象是由客观因素、主观意识、传统观念等多重因素造成的。但是，如果通过延长丈夫的陪产假，促使男性和女性更长时间地共同参与新生儿的照顾和陪伴，相信能够在一定程度上降低女性的育儿压力，同时也促进夫妻关系的和谐。本研究的数据分析中也显示了和谐的婚姻关系对于生育意愿的正向影响。因此，延长男性的陪产假将是一项一举多得的生育促进措施。

（3）增加育儿假

对于在子女照料方面无法获得老人帮助，也无法或无力获得合适的雇佣人员帮助的人群，产假后的子女照顾同样是巨大的困扰。如果能够增加在职人员的育儿假，将会给家庭育儿照料带来巨大的支持。育儿假可灵活掌握，根据工作性质采取多样化的方式进行。

3. 完善家政市场的监督管理，提升对于家政行业的要求

（1）加强家政市场监督管理

目前家政市场正在发展过程中，管理和监督都尚未完善，存在大量隐患。今后应加强对家政市场的监督管理，对从业人员的来源、经历和社会关系应该进行严格明确和监督，对于从业人员的从业过程进行严格跟踪记录并计入其档案，以尽量避免婴幼儿照料过程中雇佣人员的人为风险因素。

（2）提升家政人员从业标准

除了严格监督以保证安全性，对于家政从业人员能力的要求也应该更为严格，提高行业从业标准，要求家政行业机构加强对从业人员的能力建设，达到从业标准、具有从业资格的人员才能够接受雇佣。这样才能保障雇佣人员的婴幼儿照料能力，满足人们对雇佣人员照料子女的质量的要求，才能让雇佣人员照料成为人们子女照料的放心选择之一。

4. 加强对于生育后女性的职业保护和支持

女性生育意愿较低的原因之一是生育对于事业发展的影响。生育影响事业，事业受到影响相关收入会降低，收入降低养育子女的压力会增大，因此生育意愿降低，这是一个恶性循环。打破这一循环只能靠外力加强对于生育后女性的职业保护和职业支持。很多工作单位，特别是企业无法承担大量女性员工生育带来的工作成本，因此，政策上的支持应该成为有效的鼓励措施。例如针对女员工生育带来的成本进行相应的税收减免。

5. 增加社会或单位的幼托服务

针对 3 岁以前幼儿的社会幼托服务的完善也是对于人们幼年子女照料的一项有力补充。鼓励社会相关机构的发展，加强监督管理。鼓励相关单位建立内部幼儿托管服务，免除职工子女照料的后顾之忧。相信此类机构的不断发展完善将会大大提升人们的生育意愿和生育行为。

参 考 文 献

陈友华，2021. "三孩"生育新政：缘起、预期效果与政策建议 [J]. 人口与社会 (3)：1-12.

风笑天，2015. 生育政策潜在人口的结构及其二孩生育意愿——对两项大规模调查结果的分析 [J]. 江苏行政学院学报 (6)：54-61.

风笑天，2018. 二孩生育意愿：从"假设"到"现实"有多远 [J]. 新疆师范大学学报：哲学社会科学版 (1)：115-123.

高璐，2018. 家庭经济与住房条件对居民生育意愿的影响——基于 2013 年 CGSS 数据的实证分析 [D]. 济南：山东大学.

谷晶双，2021. 女性生育二孩的影响因素及其劳动供给效应 [J]. 经济与管理研究，42 (3)：83-94.

顾宝昌，2011. 生育意愿、生育行为和生育水平 [J]. 人口研究，35 (2)：43-59.

国家人口发展战略研究课题组，2007. 国家人口发展战略研究报告 [M]. 北京：中国人口出版社.

韩建雨，2022. "铁饭碗"会提升三孩生育意愿吗？[J]. 贵州社会科学 (8)：104-112.

侯佳伟，黄四林，辛自强，等，2014. 中国人口生育意愿变迁：1980—2011 [J]. 中国社会科学 (4)：78-97.

姜天英，夏利宇，2019. 中国妇女生育意愿及影响因素研究——基于 CHNS 数据的计数膨胀模型分析 [J]. 调研世界 (1)：11-16.

李思达，2020. 全面二孩政策下城市女性生育意愿的影响因素——基于 CGSS 数据的研究 [J]. 中北大学学报：社会科学版 (2)：121-124.

李媛，2018. "全面二孩"政策背景下女性生育意愿的影响因素研究 [D]. 武汉：华中师范大学.

李孜，谭江蓉，黄匡时，2019. 重庆市生育水平、生育意愿及生育成本 [J]. 人口研究，43 (3)：45-56.

鲁元平，张克中，何凡，2020. 家庭内部不平等、议价能力与已婚女性劳动参与——基于《新婚姻法》的准自然实验 [J]. 劳动经济研究，8 (2)：22-51.

马赫，2019. 全面二孩政策下山东省育龄女性二孩生育意愿及影响因素分析 [J]. 卫生软科学 (36)：16-21.

马歆依，2022. 我国居民生育意愿的影响因素及异质性特征研究 [D]. 长春：吉林大学.

卿石松，2022. 生育意愿的代际传递：父母观念和行为的影响［J］. 中国人口科学（5）：46－62.

沈笛，2019. 生育意愿与生育行为的影响因素研究——对体制内职业女性群体的分析［D］. 长春：吉林大学.

吴帆，陈玲，2022. 当代中国年轻人低生育意愿背后的文化机制及其政策意涵［J］. 公共行政评论（5）：49－62.

夏志强，杨再苹，2019. 我国生育成本分担的公平性研究——基于生育成本收益非均衡状态的分析［J］. 人口与发展（1）：5.

杨舸，2016. "全面二孩"后的人口预期与政策展望［J］. 北京工业大学学报：社会科学版（8）：25－32.

张晓青，等，2016. "单独二孩"与"全面二孩"政策家庭生育意愿比较及启示［J］. 人口研究，40（1）：87－96.

张新洁，2017. 收入差距、子女需求及生育行为差异——对中国不同收入阶层居民生育行为差异的分析［D］. 济南：山东大学.

钟晓华，2016. "全面二孩"政策实施效果的评价与优化策略——基于城市"双非"夫妇再生育意愿的调查［J］. 中国行政管理（7）：127－131.

庄亚儿，姜玉，李伯华，2021. 全面两孩政策背景下中国妇女生育意愿及其影响因素——基于 2017 年全国生育状况抽样调查［J］. 人口研究，45（1）：68－81.

Barber J S，Miller W，Kusunoki Y，et al.，2019. Intimate relationship dynamics and changing desire for pregnancy among young women［J］. Perspectives on Sexual and Reproductive Health，51（3）：143－152.

John Bongaarts，2001. Fertility and Reproductive Preferences in Post-transitional Societies Global Fertility Transition［J］. Population and Development Review，27：260－281.

Miller W，asta D，1995. How Does Childbearing Affect Fertility Motivations and Desires［J］. Sociology Biology（3－4）：185－198.

Rackin H M，Bachrach C A，2016. Assessing the Predictive Value of Fertility Expectations Through Acognitive-socialmodel［J］. Population Research&Policy Review，35（4）：527－551.

Shin I，Change，2016. Prediction of Income and Fertility Rates Across Countres［J］. Cogent Economics&Finance，4（1）：111－117.

Vignoli D，Bazzani G，Guetto R，et al.，2020. Uncertainty and narratives of the future：A theoretical framework for contemporary fertility［M］//Analyzing Contemporary Fertility. Springer，Cham：25－47.

Wilcox K，Laran J，Stephen A T，2016. Howbeing Busy can Increase Motivation and Reduce Task Completion Time［J］. Journal of Personality and Social Psychology，110（3）：371－384.

附　　录

附录一　调查问卷

生育意愿调查问卷

您好，我们正在做一项生育意愿调查，借以了解当前生育政策下人们的生育意愿情况，拜托您帮忙填一份问卷。问卷为匿名调查，我们保证不泄漏您的个人信息。感谢您的支持！北京农学院文法与城乡发展学院。

1. 您的性别［单选题］*
○男　　　　　　　　　　○女

2. 您的年龄［单选题］*
○20 岁以下　　　　　　　○21～25 岁
○26～30 岁　　　　　　　○31～35 岁
○36～40 岁　　　　　　　○41～45 岁
○46 岁及以上

3.（1）您生活在哪个省/直辖市？［填空题］* ＿＿＿＿＿＿＿＿＿＿

（2）您生活在哪个城市（地级市/区）？［填空题］* ＿＿＿＿＿＿＿＿

（3）您所生活的地区属于［单选题］*
○城市　　　　　　　　　○农村

4. 您的受教育程度是［单选题］*
○初中及以下　　　　　　○高中（中专、职高、技校）
○大专　　　　　　　　　○本科
○硕士　　　　　　　　　○博士

5. 您的婚姻状况是［单选题］*
○未婚并且不打算结婚　　○未婚但期望结婚
○已婚并且夫妻感情和谐　○已婚但婚姻不和谐
○离异并准备再婚　　　　○离异并不打算再婚

○丧偶并准备再结婚　　　　　○丧偶但不打算再结婚

6. 您本人是独生子女吗？［单选题］*

○是　　　　　　　　　　　　○不是

7. 您的父母关系如何［单选题］*

○父母感情和谐　　　　　　　○父母矛盾较多

○父母离异

8. 您的户口类型是［单选题］*

○城市户口　　　　　　　　　○农村户口

9. 您的职业是［单选题］*

○务农人员　　　　　　　　　○工人

○服务行业打工　　　　　　　○个体经营者

○公务员、事业单位员工　　　○央企员工

○私企员工　　　　　　　　　○外企员工

○自由职业者　　　　　　　　○无业或待业

○其他＿＿＿＿＿＿＿＿＿＿＿＿＿

○学生　　　　　　　　　　　○公益慈善机构员工

10. 您的职位是［单选题］*

○普通员工　　　　　　　　　○基层管理者

○中层管理者　　　　　　　　○高层管理者

○其他

11. 您的家庭年收入大概是［单选题］*

○10 万元及以下　　　　　　○10 万～30 万元

○30 万～50 万元　　　　　　○50 万～80 万元

○80 万～100 万元　　　　　○100 万元以上

12. 您每月的可支配收入是［单选题］*

○2 000 元及以下　　　　　　○2 001～5 000 元

○5 001～8 000 元　　　　　　○8 001～12 000 元

○12 001～15 000 元　　　　　○15 000 元以上

13. 您的房产情况是［单选题］*

○自有产权住房 1 套　　　　　○自有产权住房 2 套

○自有产权住房 3 套以上　　　○没有自有产权住房

14. 您目前的住房情况是［单选题］*

○居住在自有产权住房中　　　○居住在公租房中

○居住在单位宿舍　　　　　　○居住在出租房屋中，自家整租一套房屋

○与别人合租住房

15. 您的家庭拥有车辆情况（包括汽车和新能源车）［单选题］*

○没有车辆　　　　　　　　　○拥有 1 辆车

○拥有 2 辆车以上

16. 您的工作忙碌程度是［单选题］*

○比较轻松　　　　　　　　　○比较忙碌

○非常忙碌

17. 您的工作压力状态［单选题］*

○没什么压力　　　　　　　　○有一定压力

○压力很大

18. 您工作的稳定性如何［单选题］*

○比较稳定　　　　　　　　　○不太稳定

○非常不稳定

19. 您的单位对于员工生育孩子的态度是［单选题］*

○支持鼓励　　　　　　　　　○没有特别的态度

○不希望员工生孩子影响工作

20. 您的单位有没有采取鼓励员工生育的措施［单选题］*

○有　　　　　　　　　　　　○没有

21. 您所居住的社区或村有没有采取鼓励生育的措施（包括宣传、奖励、提供便利等）［单选题］*

○有　　　　　　　　　　　　○没有

22. 您是否愿意生孩子？［单选题］*

○是　　　　　　　　　　　　○否

23. 如果选"否"，主要原因是［多选题］*

□年龄太大

□身体原因

□养育成本太高

□时间精力限制

□生孩子影响事业发展

□无人照顾

□不愿承担生育风险

□配偶反对

□其他家人反对

□婚姻不稳定

□不喜欢孩子

□当前社会生育保障措施不足

□不想人生被孩子拖累

□自己还没活明白，不知道如何养育孩子

□不想让自己的孩子体验人生的苦

□家庭负担太重，无法再承担孩子

□其他＿＿＿＿＿＿＿＿＿＿＿＿＿

依赖于第 22 题第 2 个选项

24. 不考虑政策影响，您理想的孩子数量是［单选题］*

○1 个　　　　　　　　○2 个

○3 个　　　　　　　　○4 个及以上

依赖于第 22 题第 1 个选项

25. 您期待的孩子性别是［单选题］*

○至少 1 个儿子　　　　○至少 1 个女儿

○1 儿 1 女　　　　　　○2 个以上儿子

○2 个以上女儿　　　　○不同性别的更多孩子

○不在意性别

依赖于第 22 题第 1 个选项

26. 您生育孩子的主要动机是［多选题］*

□喜欢孩子

□认为有孩子的人生才是完整的

□为了维系夫妻关系

□满足配偶或长辈的要求

□为了将来养老

□传宗接代的需要

□随大流，不想成为异类

□响应国家政策号召

□体验更精彩的人生

□其他原因_____

依赖于第 22 题第 1 个选项

27. 您目前有几个孩子 [单选题]*

○1 个 　　　　　　　　　○2 个

○3 个 　　　　　　　　　○4 个及以上

○没有孩子

28. 您孩子的年龄情况是 [单选题]*

○均已成年 　　　　　　　○均为幼儿（6 岁以下）

○均处在义务教育阶段 　　○均在 15～18 岁之间

○2 个以上孩子且处于不同教育阶段　○2 个以上孩子，包括幼儿和成年子女

依赖于第 27 题第 1；2；3；4 个选项

29. 您孩子的性别是 [单选题]*

○儿子 　　　　　　　　　○女儿

○儿女双全

依赖于第 27 题第 1；2；3；4 个选项

30. 您的孩子的日常照料情况是 [单选题]*

○夫妻双方共同照顾 　　　○夫妻一方专职照顾

○老人照顾 　　　　　　　○雇人照顾

○夫妻一方专职＋老人照顾　○夫妻一方专职＋雇人照顾

○夫妻双方＋老人照顾 　　○夫妻双方＋雇人照顾

依赖于第 27 题第 1；2；3；4 个选项

31. 您的孩子是否报了补习班或特长班、兴趣班？[单选题]*

○是 　　　　　　　　　　○否

依赖于第 27 题第 1；2；3；4 个选项

32. 您每年为孩子教育投入（包括学校、校外的知识、兴趣、特长等教育相关各项投入）大约是 [单选题]*

○5 000 元以下 　　　　　○5 001 元～10 000 元

○10 001 元～15 000 元 　○15 001 元～20 000 元

○20 001 元～25 000 元 　○25 001 元～30 000 元

○30 000 元以上

依赖于第 27 题第 1；2；3；4 个选项

33. 您每年为孩子养育投入（衣、食、住、行、玩具、旅游、保健就医等，不包括教育）大约是 [单选题]*

○10 000 元以下　　　　　　　○10 001～20 000 元
○20 001～30 000 元　　　　　○30 001～40 000 元
○40 001～50 000 元　　　　　○50 000 元以上

依赖于第 27 题第 1；2；3；4 个选项

34. 您对自己目前的孩子满意吗？[单选题]*

○非常满意　　　　　　　　　○基本满意
○不太满意　　　　　　　　　○非常不满

依赖于第 27 题第 1；2；3；4 个选项

35. 如果不满意，原因是 [单选题]*

○孩子身体不好　　　　　　　○孩子学习不好
○对孩子性格不满意　　　　　○孩子不好管
○对孩子外貌不满意　　　　　○其他＿＿＿＿＿＿＿＿＿＿

依赖于第 27 题第 1；2；3；4 个选项，第 34 题第 3；4 个选项

36. 您还会生/再生孩子吗 [单选题]*

○会　　　　　　　　　　　　○不会
○不确定

37. 您的孩子对您再生育的态度如何 [单选题]*

○支持　　　　　　　　　　　○无所谓
○反对

依赖于第 27 题第 1；2；3；4 个选项

38. 您的配偶对于再生育的态度如何 [单选题]*

○支持　　　　　　　　　　　○无所谓
○反对　　　　　　　　　　　○纠结

依赖于第 27 题第 1；2；3；4 个选项

39. 您和配偶的长辈对于您再生育的态度如何 [单选题]*

○支持　　　　　　　　　　　○无所谓
○反对　　　　　　　　　　　○各人态度不一

40. 如果您还会再生孩子，主要原因是 [多选题]*

□喜欢孩子

□为了已有孩子有个伴

□为了维系夫妻关系

□担心失独风险

□为了将来养老保障

□想要儿女双全

□满足配偶要求

□满足孩子要求

□满足长辈要求

□传宗接代的需要

□响应国家政策号召

□体验更精彩的人生

□其他原因（请注明）＿＿＿＿＿＿＿＿＿＿

41. 如果您不会再生孩子，主要原因是［多选题］*

□年龄太大

□身体不能承受

□养育成本太高

□时间精力限制

□影响事业发展

□无人照顾

□不愿意承受生育风险

□已有的孩子反对再生

□配偶不同意再生

□婚姻不稳定

□已有养育经历的打击

□社会保障不足

□家庭负担过重

□担心影响对已有孩子的投入和照顾

□其他＿＿＿＿＿＿＿＿＿＿

42. 您是否享受了生育保障政策［单选题］*

○是　　　　　　　　　　○否

43. 如果42题选"是"，您都享受了什么保障政策［多选题］*

□生育保险

□生育津贴

□产假

□个人所得税专项扣除的子女教育和幼儿照顾项目

□其他＿＿＿＿＿＿＿＿＿＿＿＿

44. 您对目前的生育保障政策措施满意吗？［单选题］*

○满意　　　　　　　　　　○不满意

○不了解

45. 如果不满意，主要原因是［多选题］*

□生育保险额度太低

□产假时间不足

□医院建档困难

□产前检查成本太高

□生育养育社会服务不足

□针对孕妇和幼儿的公共设施不完善

□针对产后女性的职业保障不足

□税收减免额度太低

□缺少针对子女养育方面的福利

□缺少针对子女教育方面的福利

□其他＿＿＿＿＿＿＿＿＿＿＿＿

46. 关于生孩子，您的态度是［单选题］*

○多子多福，能生就应该多生　○孩子有就行了，多了是负担

○现代人没必要生孩子　　　　○理性选择分析，确定生几个

47. 关于养孩子，您的态度是［单选题］*

○生了就要花费精力，倾力培养成才

○按照自己的能力适当培养

○顺其自然，不用刻意培养

○随大流，周围人都怎样培养就怎样培养

48. 对于鼓励生育，您认为还应该采取哪些政策或措施［多选题］*

□实施与子女数量相关的家庭生活补贴

□延长妇女产假

□延长丈夫陪产假

□实施"育儿假"政策

□对生育后女职工就业提供保护和支持

□提高义务教育质量的地区平衡性

□提高针对子女养育的税收优惠

□为多子女家庭提供住房方面的优惠或支持

□改善孕检及生育的医疗服务环境

□降低孕检及生育的医疗服务费用

□将辅助生殖（生殖相关检查、人工授精、试管婴儿等）医学服务纳入医保

□为孕妇及哺乳期妇女提供更多社会基础设施便利

□提供更完善的生育、养育社会服务

□提供更好的社会养老保障

□其他＿＿＿＿＿＿＿＿＿＿＿＿＿

49. 提供下面哪个条件最能促进您生育或再生育孩子［单选题］*

○经济上的补贴或优惠　　　　○育儿照料相关服务

○子女教育负担的减轻　　　　○生育、养育假期的延长

○生育后的职业保障　　　　　○生育医疗环境的改善

○其他＿＿＿＿＿＿＿＿＿＿　　○没有

附录二 分析表

附表1 年龄、已拥有孩子数量和是否会再生孩子交叉分析

年龄/已拥有孩子数量	会	不会	不确定	小计
20 岁以下/1 个	0（0%）	0（0%）	0（0%）	0
20 岁以下/2 个	0（0%）	0（0%）	0（0%）	0
20 岁以下/3 个	0（0%）	0（0%）	0（0%）	0
20 岁以下/4 个及以上	0（0%）	0（0%）	0（0%）	0
20 岁以下/没有孩子	10（32.26%）	11（35.48%）	10（32.26%）	31
21～25 岁/1 个	0（0%）	0（0%）	0（0%）	0
21～25 岁/2 个	0（0%）	2（100%）	0（0%）	2
21～25 岁/3 个	0（0%）	0（0%）	0（0%）	0
21～25 岁/4 个及以上	0（0%）	0（0%）	0（0%）	0
21～25 岁/没有孩子	31（37.80%）	23（28.05%）	28（34.15%）	82
26～30 岁/1 个	0（0%）	5（55.56%）	4（44.44%）	9
26～30 岁/2 个	0（0%）	1（100%）	0（0%）	1
26～30 岁/3 个	0（0%）	0（0%）	0（0%）	0
26～30 岁/4 个及以上	0（0%）	0（0%）	0（0%）	0
26～30 岁/没有孩子	23（53.49%）	10（23.26%）	10（23.26%）	43
31～35 岁/1 个	5（12.20%）	26（63.41%）	10（24.39%）	41
31～35 岁/2 个	0（0%）	12（100%）	0（0%）	12
31～35 岁/3 个	0（0%）	1（100%）	0（0%）	1
31～35 岁/4 个及以上	0（0%）	0（0%）	0（0%）	0
31～35 岁/没有孩子	11（68.75%）	2（12.50%）	3（18.75%）	16
36～40 岁/1 个	5（14.29%）	23（65.71%）	7（20.00%）	35
36～40 岁/2 个	0（0%）	19（100%）	0（0%）	19
36～40 岁/3 个	0（0%）	0（0%）	0（0%）	0
36～40 岁/4 个及以上	0（0%）	0（0%）	0（0%）	0
36～40 岁/没有孩子	5（83.33%）	1（16.67%）	0（0%）	6
41～45 岁/1 个	2（4.44%）	38（84.44%）	5（11.11%）	45

（续）

年龄/已拥有孩子数量	会	不会	不确定	小计
41～45 岁/2 个	5（16.13%）	24（77.42%）	2（6.45%）	31
41～45 岁/3 个	0（0%）	1（100%）	0（0%）	1
41～45 岁/4 个及以上	0（0%）	0（0%）	0（0%）	0
41～45 岁/没有孩子	2（50.00%）	2（50.00%）	0（0%）	4
46 岁及以上/1 个	1（2.56%）	37（94.87%）	1（2.56%）	39
46 岁及以上/2 个	0（0%）	20（95.24%）	1（4.76%）	21
46 岁及以上/3 个	0（0%）	1（100%）	0（0%）	1
46 岁及以上/4 个及以上	1（50.00%）	1（50.00%）	0（0%）	2
46 岁及以上/没有孩子	1（25.00%）	2（50.00%）	1（25.00%）	4

附表 2　性别与婚姻状况交叉分析

性别	未婚并且不打算结婚	未婚但期望结婚	已婚并且夫妻感情和谐	已婚但婚姻不和谐	离异并准备再婚	离异并不打算再婚	丧偶并准备再结婚	丧偶但不打算再结婚	小计
男	8（5.10%）	56（35.67%）	87（55.41%）	2（1.27%）	2（1.27%）	2（1.27%）	0（0%）	0（0%）	157
女	26（9.00%）	67（23.18%）	176（60.90%）	13（4.50%）	0（0%）	3（1.04%）	0（0%）	4（1.38%）	289

附表 3　不同年龄婚姻状况和婚姻选择统计

年龄	未婚并且不打算结婚	未婚但期望结婚	已婚并且夫妻感情和谐	已婚但婚姻不和谐	离异并准备再婚	离异并不打算再婚	丧偶并准备再结婚	丧偶但不打算再结婚	小计
20 岁以下	7（22.58%）	24（77.42%）	0（0%）	0（0%）	0（0%）	0（0%）	0（0%）	0（0%）	31
21～25 岁	16（19.05%）	62（73.81%）	6（7.14%）	0（0%）	0（0%）	0（0%）	0（0%）	0（0%）	84
26～30 岁	5（9.43%）	28（52.83%）	17（32.08%）	3（5.66%）	0（0%）	0（0%）	0（0%）	0（0%）	53

（续）

年龄	未婚并且不打算结婚	未婚但期望结婚	已婚并且夫妻感情和谐	已婚但婚姻不和谐	离异并准备再婚	离异并不打算再婚	丧偶并准备再结婚	丧偶但不打算再结婚	小计
31～35 岁	4 (5.71%)	6 (8.57%)	57 (81.43%)	2 (2.86%)	0 (0%)	0 (0%)	0 (0%)	1 (1.43%)	70
36～40 岁	0 (0%)	1 (1.67%)	55 (91.67%)	3 (5.00%)	0 (0%)	1 (1.67%)	0 (0%)	0 (0%)	60
41～45 岁	1 (1.23%)	0 (0%)	72 (88.89%)	4 (4.94%)	1 (1.23%)	3 (3.70%)	0 (0%)	0 (0%)	81
46 岁及以上	1 (1.49%)	2 (2.99%)	56 (83.58%)	3 (4.48%)	1 (1.49%)	1 (1.49%)	0 (0%)	3 (4.48%)	67

附表 4　不同职业类型样本婚姻状况和婚姻选择

职业类型	未婚不打算结婚	未婚期望结婚	已婚且婚姻和谐	已婚但婚姻不和谐	离异准备再婚	离异不打算再婚	丧偶准备再结婚	丧偶不打算再结婚	小计
务农人员	0 (0%)	1 (2.56%)	33 (84.62%)	2 (5.13%)	1 (2.56%)	1 (2.56%)	0 (0%)	1 (2.56%)	39
工人	0 (0%)	4 (36.36%)	7 (63.64%)	0 (0%)	0 (0%)	0 (0%)	0 (0%)	0 (0%)	11
服务行业打工人员	0 (0%)	3 (42.86%)	4 (57.14%)	0 (0%)	0 (0%)	0 (0%)	0 (0%)	0 (0%)	7
个体经营者	0 (0%)	0 (0%)	11 (100%)	0 (0%)	0 (0%)	0 (0%)	0 (0%)	0 (0%)	11
公务员、事业单位员工	8 (5.56%)	24 (16.67%)	104 (72.22%)	4 (2.78%)	1 (0.69%)	2 (1.39%)	0 (0%)	1 (0.69%)	144
央企员工	1 (2.70%)	8 (21.62%)	27 (72.97%)	1 (2.70%)	0 (0%)	0 (0%)	0 (0%)	0 (0%)	37

（续）

职业类型	未婚不打算结婚	未婚期望结婚	已婚且婚姻和谐	已婚但婚姻不和谐	离异准备再婚	离异不打算再婚	丧偶准备再结婚	丧偶不打算再结婚	小计
私企员工	3 (5.17%)	13 (22.41%)	39 (67.24%)	2 (3.45%)	0 (0%)	1 (1.72%)	0 (0%)	0 (0%)	58
外企员工	1 (7.14%)	1 (7.14%)	8 (57.14%)	4 (28.57%)	0 (0%)	0 (0%)	0 (0%)	0 (0%)	14
自由职业者	2 (11.76%)	2 (11.76%)	13 (76.47%)	0 (0%)	0 (0%)	0 (0%)	0 (0%)	0 (0%)	17
无业或待业	0 (0%)	0 (0%)	3 (60.00%)	0 (0%)	0 (0%)	0 (0%)	0 (0%)	2 (40.00%)	5
其他	1 (4.35%)	5 (21.74%)	14 (60.87%)	2 (8.70%)	0 (0%)	1 (4.35%)	0 (0%)	0 (0%)	23
学生	18 (22.50%)	62 (77.50%)	0 (0%)	0 (0%)	0 (0%)	0 (0%)	0 (0%)	0 (0%)	80

附表 5　不同年龄段群体不愿意生育的原因

年龄段	身体原因	年龄太大	养育成本太高	时间精力限制	生孩子影响事业发展	无人照顾	不愿承担生育风险	配偶反对	其他家人反对	婚姻不稳定	不喜欢孩子	当前社会生育保障措施不足	不想人生被孩子拖累	自己还没活明白，不知道如何养孩子	不想让自己的孩子体验人生的苦	家庭负担太重，无法再承担孩子	其他	小计
20岁以下	0 (0%)	0 (0%)	4 (30.77%)	4 (30.77%)	2 (15.38%)	0 (0%)	8 (61.54%)	0 (0%)	0 (0%)	0 (0%)	2 (15.38%)	0 (0%)	5 (38.46%)	7 (53.85%)	1 (7.69%)	0 (0%)	0 (0%)	13
21~25岁	1 (3.33%)	1 (3.33%)	15 (50.00%)	6 (20.00%)	2 (6.67%)	0 (0%)	12 (40.00%)	1 (3.33%)	0 (0%)	0 (0%)	7 (23.33%)	3 (10.00%)	10 (33.33%)	14 (46.67%)	6 (20.00%)	1 (3.33%)	1 (3.33%)	30
26~30岁	0 (0%)	2 (9.52%)	11 (52.38%)	9 (42.86%)	6 (28.57%)	2 (9.52%)	5 (23.81%)	0 (0%)	0 (0%)	1 (4.76%)	0 (0%)	4 (19.05%)	1 (4.76%)	6 (28.57%)	1 (4.76%)	1 (4.76%)	1 (4.76%)	21
31~35岁	2 (7.14%)	4 (14.29%)	18 (64.29%)	19 (67.86%)	5 (17.86%)	10 (35.71%)	1 (3.57%)	0 (0%)	0 (0%)	3 (10.71%)	2 (7.14%)	3 (10.71%)	0 (0%)	0 (0%)	1 (3.57%)	4 (14.29%)	0 (0%)	28
36~40岁	5 (18.52%)	2 (7.41%)	17 (62.96%)	18 (66.67%)	6 (22.22%)	12 (44.44%)	1 (3.70%)	0 (0%)	0 (0%)	0 (0%)	0 (0%)	2 (7.41%)	1 (3.70%)	0 (0%)	1 (3.70%)	2 (7.41%)	1 (3.70%)	27
41~45岁	21 (52.50%)	8 (20.00%)	27 (67.50%)	19 (47.50%)	3 (7.50%)	10 (25.00%)	2 (5.00%)	3 (7.50%)	0 (0%)	2 (5.00%)	1 (2.50%)	5 (12.50%)	2 (5.00%)	2 (5.00%)	2 (5.00%)	2 (5.00%)	1 (2.50%)	40
46岁及以上	30 (78.95%)	9 (23.68%)	13 (34.21%)	7 (18.42%)	2 (5.26%)	5 (13.16%)	0 (0%)	0 (0%)	0 (0%)	0 (0%)	0 (0%)	1 (2.63%)	0 (0%)	0 (0%)	2 (5.26%)	6 (15.79%)	3 (7.89%)	38

附表 6　已有孩子数量与再生育动机交叉分析

已有孩子数量	喜欢孩子	为了已有孩子有个伴	为了维系夫妻关系	担心失独风险	为了将来养老保障	想要儿女双全	满足配偶要求	满足孩子要求	满足长辈要求	传宗接代的需要	响应国家政策号召	体验更精彩的人生	其他原因（请注明）	小计
1 个	19 (47.50%)	31 (77.50%)	2 (5.00%)	10 (25.00%)	4 (10.00%)	17 (42.50%)	2 (5.00%)	0 (0%)	3 (7.50%)	3 (7.50%)	1 (2.50%)	4 (10.00%)	1 (2.50%)	40
2 个	6 (66.67%)	3 (33.33%)	0 (0%)	0 (0%)	2 (22.22%)	4 (44.44%)	0 (0%)	0 (0%)	0 (0%)	2 (22.22%)	0 (0%)	3 (33.33%)	0 (0%)	9
3 个	0 (0%)	0 (0%)	0 (0%)	0 (0%)	0 (0%)	0 (0%)	0 (0%)	0 (0%)	0 (0%)	0 (0%)	0 (0%)	0 (0%)	0 (0%)	0
4 个及以上	0 (0%)	0 (0%)	0 (0%)	0 (0%)	0 (0%)	0 (0%)	0 (0%)	0 (0%)	0 (0%)	0 (0%)	1 (100%)	0 (0%)	0 (0%)	1